U0517652

异域同辉

GLAZE AND GLORY

CERAMICS AND CULTURAL EXCHANGES BETWEEN CHINA AND THE WEST IN THE 16th-18th CENTURIES

陶瓷与16—18世纪的中西文化交流

上海博物馆 —— 编

上海人民美術出版社

目录

中国瓷器对欧洲陶瓷的影响

后 记

中西陶瓷贸易的展开

16—17 世纪葡萄牙文献中的中国瓷器

玛丽亚·安东尼娅·平托·德·马托斯
（Maria Antónia Pinto de Matos）

葡萄牙国家瓷砖博物馆

葡萄牙航海家瓦斯科·达·伽马（Vasco da Gama，约 1469—1524）对于通往印度航路的开拓（1497—1499）开启了航海史的新纪元。每年的 3 月、4 月和 5 月，大型船只从里斯本出发，取道开普敦航线，到达果阿或者科钦。受风向变化规律，尤其是季风的影响，他们在 9 月或 10 月到达目的地以后，于当年 12 月至次年 3 月间离开果阿或者科钦，以便于船只在 5 月份的风暴来临之前绕过好望角。

16 世纪的时候，葡萄牙船只习惯于停靠在南大西洋的圣赫勒拿岛。但在 1600 年之后，随着英国人和荷兰人抵达开普敦航路，他们选择避开这个岛屿。17 世纪后半叶，他们开始在巴西的萨尔瓦多停靠。在返回途中，船只的负载最大，风险也最大，特别是在海难频繁的开普敦附近。我们可以从至今仍时有被冲到南非海岸浅滩的碎瓷片中间，窥见这段历史。

同样重要的事实是，通向印度的海上航线的开拓也为建立欧洲与远东之间的直接和连续关系做出了贡献。葡萄牙人在那里收集了第一手资料，改变了欧洲人对世界的看法。这是因为瓦斯科·达·伽马及其后继者不仅带回了香料、药品、丝绸和瓷器等奇特的商品，还带回了那个时代未知世界的非凡故事。中国，这个位于遥远东方的全新国度，从 16 世纪初起，人们对它的商业贪欲就被唤醒了。

葡萄牙人和中国人之间的第一次会面发生在 1509 年的马六甲。当时，国王曼努埃尔一世（Manuel Ier，1495—1521 在位）委托迪奥戈·洛佩斯·塞奎拉（Diogo Lopes Sequeira，1465—1530）探索马来半岛，在此期间，他开始与中国船队的船员建立联系。这位航海家认为中国人与葡萄牙人有许多相似之处。1511 年，葡萄牙贵族、海军将领阿丰索·德·阿尔布克尔克（Afonso de Albuquerque，1453—1515）占领了马六甲后，证实了这些正面的印象。

追寻"中国人的故土"

两年后的 1513 年，若热·欧维士（Jorge Álvares，？—1521）成为第一个登陆中国的葡萄牙人，他当时乘坐一艘马来西亚帆船到达了广州附近的屯门岛（Tamão，又名贸易岛）①。事实证明，这与开拓通向印度的航路一样成功，特别是因为马六甲与广州之间只有 20—30 天的航程，而里斯本和果阿之间的航线需要 6—8 个月的航行。

除了贸易之外，这些航行也有助于收集有价值的信息。早在 1512 年，领航员兼制图师弗朗西斯科·罗德里格斯（Francisco Rodrigues）就绘制了一套呈现中国大部分沿海地区面貌的地图。与此同时，还出现了两本关于东方的专著：皇家药剂师托梅·皮雷斯（Tomé Pires，1465？—1524 或 1540）的《东方志》（Suma oriental，1512—1515）和杜阿尔特·巴博萨（Duarte Barbosa，1480—1521）的日志《东方见闻》（O Livro das cousas do Oriente，1516）。

探险家们的热情叙述和中国的商业潜力使曼努埃尔一世当局决定在中国沿海建立据点，包括建造要塞和常设性舰队，依循之前他们在波斯湾、印度斯坦西海岸和马来半岛尖端的策略。1515 年，费尔南·佩雷斯·德·安德拉德（Fernão Peres de Andrade，？—1552）率领大型舰队离开里斯本。两年后，这位航海家离开了马六甲前往中国，并带着药剂师和杰出的东方学专家皮雷斯出任大使。

1517 年至 1518 年的葡萄牙远征是一项商业上的成功，但却是一次外交上的失败，并破坏了葡萄牙王国的计划。1520 年至 1521 年，皮雷斯去了北京，但不得不回广州，因为无论是其使团的成员还是于他之后抵达广东海岸的葡萄牙人，都没有遵守有关外国人在中国的行为准则。明朝皇家舰队与葡萄牙船只在珠江三角洲发生冲突后，皮雷斯使团的成员被捕，并神秘失踪了。这一事件结束了葡萄牙人与中国大陆的所有接触，也阻止了中国商人前往海外的步伐。

---

① "贸易岛"的具体位置学界尚有争论，有屯门澳、上川岛、南头岛等不同猜测。——译者注

尽管有这些挫折，国王若昂三世（João III，1521—1557 在位）仍继续奉行父亲的政策，努力维护中葡关系。1522 年，霍尔木兹堡的城防司令马丁·阿丰索·德·梅洛（Martim Afonso de Melo）被派往中国。五年后，1527 年，马六甲的城防司令若热·卡布拉尔（Jorge Cabral）也被派往中国。两位新特使的失败丝毫没有削弱葡萄牙王国对中国的兴趣。葡萄牙人向南撤退，在马来西亚和东南亚的港口购买中国产品，因为这些地方有大量来自广州和福建的船只汇集。

关于亚洲的描述和瓷器的奥秘

正是在曼努埃尔一世统治时期，诞生了两本概括性描述亚洲世界的专著，这成为当时人们了解亚洲不可替代的信息来源：皇家药剂师皮雷斯[②]的《东方志》和杜阿尔特·巴博萨[③]的日志《东方见闻》。

在他的书中，杜阿尔特·巴博萨对瓷器显出了极大的兴趣："对所有人来说，这都是很棒的商品。"他还在书中对瓷器的制作进行了新奇地描写：

"这个国家的居民用研碎的贝壳、蛋壳、蛋白和其他材料制作瓷器。他们将材料混合成团块并埋在土下一段时间，这个原料混合成的团块会被当成重要的继承物和宝藏保存，随着距离可使用的时间越近，它的价值越大；在时机来临的时候，人们以多种方式和方法对它进行加工，有时粗糙，有时精细。一旦工件制作完毕，他们就进行上釉和绘制。"[1]

杜阿尔特·巴博萨还报道说，卡利卡特的摩尔人会在每年的 2 月份将大量的香料和瓷器运到红海。其中一些停靠在也门南海岸位于红海口的亚丁港；其他人则继续前往麦加，从那里取道土耳其，前往开罗、亚历山大，再从那里出发一直到达威尼斯。[2]

16 世纪中叶，皮雷斯和杜阿尔特·巴博萨在他们的著作中对中国

---

② 他同时也是首位葡萄牙派遣出访中国的大使。

③ 他曾担任印度的葡属坎纳诺尔（Cananor）领地的秘书（escrivão），1515年，他又和《印度传说》（Lendas da Índia）的作者加斯帕·科雷亚（Gaspar Correia，1492—1563）共同主事卡利卡特（Calicut）领地秘书一职。

的财富、广袤领土、行政组织、财政制度、外交关系、中央集权甚至人民温良多礼等的见证和描述，通过商人加利奥特·佩雷拉（Galiote Pereira）、阿丰索·拉米雷斯（Afonso Ramires）、阿马罗·佩雷拉（Amaro Pereira）和宗教人士梅尔基奥·努内斯·巴雷托（Melchior Nunes Barreto）、路易斯·弗洛斯（Luís Fróis）和费尔南多·门德斯·平托（Fernão Mendes Pinto）的信件、记叙、论著和游记，得到了丰富和印证，他们都对天朝帝国充满了赞美。

关于中国瓷器，我们有加利奥特·佩雷拉的描述——他曾在中国被关押了几年。在其名为《中国报道》（*Algumas cousas sabidas da China*）（1553—1563）的专论中，他给我们留下了关于瓷器制造地点的重要记录：

> "还有另一个省被称为'江西省'……精美的景德镇陶瓷就是在这里生产的，这在中国其他城市或者其他地方都是没有的，它们都来自景德镇。相比较泉州和广州而言，这座江西城市离宁波更近，因此经常可以在宁波找到许多廉价的瓷器。由于到目前为止，葡萄牙人仍然对这片土地知之甚少，所以他们经常想象和声称宁波是这些陶瓷的产地，但其实以上所述才是事实真相。"[3]

我们也可以在16世纪历史学家们的著作中找到翔实和充满赞叹的描述，比如葡萄牙历史学家费尔南·洛佩斯·德·卡斯塔涅达（Fernão Lopes de Castanheda，1500—1559）在1552年于科英布拉出版的《葡萄牙人发现和征服印度的历史》（*História do descobrimento e conquista da Índia pelos Portugueses*）第三卷，或者另一位葡萄牙历史学家若昂·德·巴罗斯（João de Barros，1496—1570）《数十年》（*Décades*）的第一卷和第三卷（它们分别于1552年和1562年在里斯本出版）中。

16世纪下半叶，除了宗教问题外，葡萄牙人对中国文明怀有无限钦佩。以下例子可以证明这一点：布拉斯·德·阿尔布克尔克（Brás de Albuquerque，1501—1581年）的《阿丰索·德·阿尔布克尔克的评论》（*Comentários de Afonso de Albuquerque*）（里斯本，1557年）、安东尼奥·加尔沃（António Galvão）的《世界发现记》（*Tratado dos descobrimentos*，里斯本，1563年）、加西亚·德·奥尔塔（Garcia de Orta）的《印度草药和药物探讨》（*Colóquios dos simples e drogas da Índia*，果阿，1563年，其中写道"关于中国的事，我们永远也说不完"[4]）、达米昂·德·戈伊斯（Damião Góis，1502—1574）的《国王曼努埃尔编年史》（*Crónica do Felicíssimo Rei D.Manuel*，里斯本，

1566—1567），以及第一本在欧洲出版的论述中国的专著——多明我会传教士卡斯帕·达·克罗斯（Gaspar da Cruz，1520—1570）的《中国志》（*Tratado em que se contam muito por estenso as cousas da China com suas particularidades e assi do reino d'Ormuz*，埃武拉，1569—1570）。

卡斯帕·达·克罗斯修士在《中国志》一书中对中国瓷器给予了极大的关注，他根据"目击者"的叙述描写了瓷器的制作。对于中国瓷器在欧洲的历史，该书包含了重要的信息，不仅仅由于此书以超越同时代作者的精准度描述了陶瓷器的生产制作，还因为作者在其中探讨了一些今天仍有待于澄清的问题，尤其是关于所有中国瓷器是不是为了出口而生产的问题。根据卡斯帕·达·克罗斯所述，在中国和印度，人们普遍使用普通黏土制作瓷器：

"有很多厚的瓷器，也有薄的，还有一种作为官用瓷器。官用瓷器一般不允许销售，因为需要留给权贵们（知府、知州等）使用。这种瓷器有红色和绿色的，也有全色和黄色的。官用瓷器偶有销售，但是数量非常稀少并且需要非常谨慎，不事声张。"[5]

关于瓷器的制作，卡斯帕·达·克罗斯的描述是16世纪至17世纪上半叶所有已知资料中最完整的：

"瓷器的原料大部分是一种白色软性的石头，有一部分是红色的，质地并不细腻，或者更准确地说，这是一种坚硬的黏土，在被仔细碾磨和捣碎以后，放在一个装满水的槽中。这些槽都用大石头制成，有些还涂抹了石膏，并且都非常干净。将原料放进水中以后，他们用表面的黏土团制作精细的瓷器；越是下层的黏土，被用来制作越厚的瓷器；最底层的黏土被用来做最厚、最普通、供中国穷人使用的瓷器。工匠先使用黏土制作出各种餐具，然后把它们放在太阳下面干燥。完全晒干了以后，在上面用靛青色颜料绘制想要的纹样，细致程度就跟我们见到的一样。等到所绘图案干了以后，他们再给瓷器上釉，接下来就是进行烧制。"[6]

耶稣会教士曾德昭（Álvaro Semedo，1585—1658）所著《大中国志》（*Relação da Grande Monarquia da China*），成书于1637年，是欧洲汉学主要作品之一，在欧洲文化界引起极大的反响。[7]他在书中提到，江西省因为瓷器而出名，而这些瓷器都在一个城市生产（毫无疑问就是景德镇），并且描述了瓷器的制作过程：

"这个省因出产巨大的鲟鱼而出名，更因为省内某城生产的瓷器（事实上，它们是独一无二的）而名声大噪，在帝国中消费使用和行销全世界的那种瓷器都从这个地方来。然而在这个地方我们找不到用作原料的黏土，黏土的原产地另有他处。使当地如此特别的是生产瓷器所用的水，如果用其他地方的水来生产瓷器，作品就不会如此光彩夺目……这项工作并没有神秘之处，无论是在物质上、形式上还是操作上。瓷器纯粹就是由黏土制成的，只是需要高品质纯净的黏土。他们制作瓷器的方法和时间与我们制作陶器并没有差别，只是他们在制作的时候更加专心和精细而已。他们所用的蓝色颜料是蓝靛，存量非常大。也有些瓷器被绘成红色，而皇帝所用的是黄色的。"[8]

因此，对这位葡萄牙耶稣会教士来说，这种制造过程并不神秘。他指出，用来上色的蓝靛和钴可从当地购买，而不是从波斯进口。正如之前的一些作者已经指出的那样，他也补充说，黄色瓷器都与皇帝有关，而这一点将在 17 世纪和 18 世纪初由其他资料再次证实。

葡萄牙资料里的中国瓷器

如果说在意大利普利亚大区卢切拉（Lucera）皇家遗址的考古发掘中发现的碎片证明，14 世纪以前的欧洲就存在中国瓷器，那么第一项明确提到中国瓷器的资料就是 1323 年那不勒斯和西西里岛的玛丽皇后的遗嘱[9]。

当时，中国瓷器仍然是极其稀有的商品。一直到 16 世纪，葡萄牙的航海家们取道开普敦航线到达印度西海岸并开始与中国进行贸易，中国瓷器才算真正进入欧洲。

在葡萄牙，我们不仅可以在档案资料和各种著作中看到 16 世纪初的中国瓷器，也可以见到从那时留存至今的美丽的青花瓷实物。瓦斯科·达·伽马首次访问印度（1497—1499）返回时，送给朝廷的礼物就包括"在卡利卡特购买的瓷器"。[10] 同样，1501 年，佩德罗·欧维士·卡布拉尔（Pedro Álvares Cabral，1467 或 1468—约 1520）在完成他发现巴西的著名的印度之旅返回后，送给君王的也是"精美绝伦的瓷器"。

中国瓷器给曼努埃尔一世国王留下了极深的印象，以至于他亲自写信给印度总督弗朗西斯科·德·阿尔梅达（Francisco de Almeida），让他每次行程都给他带"大量的上等瓷器，所能买到的最好的瓷器"。[11] 也许后者在 1508 年的一封信中提到的圣意就来自于此：

> "您要求我寄给您的珍珠卵和珍珠，我只能从锡兰买到……棉花、瓷器和这些类似的东西都在更远的地方。如果我的罪孽使我不得不在这里待更长的时间，我会设法买到一切。"[12]

尽管在 16 世纪初，中国瓷器仍然非常难获得，但就像第一任葡萄牙驻印度总督在信中说的那样，1511 年葡萄牙占据马六甲以后，这就变得容易多了。在攻占这个地方不久以后，葡萄牙驻印度总督阿丰索·德·阿尔布克尔克就着手派使节前往在此进行贸易的各国，希望与它们达成和平、友好和贸易条约。

在所有这些使团中，值得一提的是圣约翰舰队前往勃固王国[13]的第一次航行（1512—1513）[14]以及第二次航行（1514—1515）[15]。这两次航行中，舰队成员中的一名葡萄牙代理人、"商站总监"佩罗·佩斯（Pero Pais）留存下来的档案记载了 16 世纪初葡萄牙在东南亚的扩张，证明当时中国瓷器就已经在马六甲出现并且在葡萄牙进行的亚洲内部贸易中占有一席之地。

第一次行程的航行账本表明，佩罗·佩斯在马达班卸下了 4,000 件瓷器[16]，需缴纳 12% 的关税[17]，其中 466 件售出，3,533 件未售[18]。在第二次行程的航行账本中提到，来自中国的货物清单包括 210 件瓷器和大盆[19]，742 个小盆和 875 个被称为"aryquaquas"[20]的小瓷盘。如果说这些文件表明马六甲和印度市场上有大量的瓷器流通，那么公布的货物清单也表明，从 16 世纪初起，葡萄牙就大量进口中国瓷器。

虽然瓷器不是由王室垄断，但现有的文献确实证实了中国瓷器在里斯本的存在。1511 年 7 月 27 日，曼努埃尔一世国王下令将"奉王后之命购买[21]的 207 件瓷器、一个金色的箱子和一个白色织物床罩……"记入葡属印度王室香料财务官若昂·德·萨（João de Sá）[22]的账户。1511 年 2 月至 1514 年 4 月期间，这位若昂·德·萨在王室货仓接收了 692 件瓷器以及其他外来产品和宝石[23]。1517 年 9 月 25 日，国王再次命令将给安东尼奥·萨尔瓦戈（António Salvago）[24]的"47 件瓷器、20 瓶麝香和两瓶安息香"记入若昂·德·萨的账户。

我们保留了一封若昂三世统治期间的信（1522 年），这封信很可能是迪奥戈·洛佩斯·塞奎拉在印度写的，在信中他描述了从中国回来的船只上装载的货物："1/3 黄金，1/3 提供给坎贝（Cambay）的白色丝绸和珍珠，另外 1/3 是瓷器和锦缎。"[25] 由此可见，瓷器是最珍贵的商品之一，葡萄牙人文主义者达米昂·德·戈伊斯于 1541 年 12 月 20 日在鲁汶写给拉丁语学者皮埃尔·南宁克（Pierre Nanninck，1496—1557）的一封信也证实了这一点，信中估计一件中国瓷器的价格大约是"五六十或者一百杜卡托"[26]。

若热·卡布拉尔给若昂三世国王的两封信特别值得注意，因为这两封信都提到直接向中国人下的订单。这两封信都是在马六甲写的，证明从 1520 年开始，葡萄牙人就从中国订购瓷器了，自此以后从未中断，即使在两国地下贸易期间亦是如此。那些带有葡萄牙语铭文"EM TEMPO DE PERO DE FARIA DE 1541"（佩罗·德·法里亚，1541 年订制）的大碗，带有拉丁文铭文"AVE MARIA GRATIA PLENA"（万福玛利亚）的大碗，和带有铭文"ISTO MANDOU FAZER JORGE ALVARES NA ERA DE 1552 REINA"（1552 年为若热·欧维士订制）的瓶子[27]，以及分别于 1552 年和 1554 年在南非海岸沉没的圣若昂号（São João）和圣本托号（São Bento）船只上数以千计的瓷器碎片都可以证明这一点。

豪尔赫·卡布拉尔 1527 年 9 月 10 日写给葡萄牙国王若昂三世的第一封信件描述了一项订单："我还为陛下订购了几件餐具，到了以后我会为您带来。"[28]1528 年 9 月 5 日的第二封信报告了此项订单的结果：

"去年，我请一位来这里的中国船长替我为陛下定做一些作品。他带了一些给我，但是它们并不是我想要的那样……陛下您知道，马六甲的中国人是值得信赖的，因为我们可以把货物委托给他们，而他们都会带着所托的货物回来。"[29]

1530 年，广州港口向外国人开放，但葡萄牙人除外。他们与地方当局串通，继续从事非法和秘密贸易，直到 1554 年，葡萄牙船长莱昂内尔·德·索萨（Leonel de Sousa）与广州市签订了和平贸易协定。

如果说若昂三世的王室库存清单中没有提及瓷器，他的妻子"奥地利的凯瑟琳"——神圣罗马帝国皇帝查理五世的妹妹——的档案则不是如此。例如，现存的一份于 1564 年 11 月 5 日在里斯本拟写的文件明确提到了 40 个"瓷器罐及其盖子"[30]，还有来自中国的桌子、写字台、箱子和篮筐，以及来自琉球群岛的扇子。

凯瑟琳王后的档案里也有一份 1534 年的清单，也就是《凯瑟琳王后藏宝清单》，这份清单特别重要，因为它提到了"21 件鎏金白瓷，包括 8 个大件、

5个中件、8个小件"[31]。该文档具体说明了装饰这些瓷器所用的颜料，它们可能是"金襕手"式的瓷器——这是一个日语词汇，意思是"金线锦缎"。在日本，这个词首先与锦缎有关，然后才应用于陶瓷。这些瓷器往往被认为是在明嘉靖年间（1522—1566）和万历年间（1573—1620）生产的，只出口到日本，供茶道大师使用。但事实表明，它们也出口到欧洲（葡萄牙、意大利、西班牙）、拉丁美洲（墨西哥、秘鲁）、非洲和中东地区（土耳其、伊朗）。在欧洲，这些瓷器通常被放置在镀金的银质座上，并陈列在珍宝室中。

1555年，凯瑟琳为她的餐桌购买了320件瓷器，花费了22,420雷亚尔，相当于每20件价值1,400雷亚尔。[32]

16世纪下半叶，中国瓷器已经在葡萄牙贵族的餐桌上占有一席之地。1563年，布拉加大主教、多明我会的巴托洛缪·多斯·马蒂雷斯（Bartolomeu dos Mártires，1514—1590）在与教皇庇护四世的一次晚餐中将中国瓷器和无比奢华的银质餐具相比较，并对中国瓷器进行了极高的褒奖：

> "在葡萄牙，我们有……一种餐具，用黏土制成，却在优雅和纯净上都超越了银器，我建议所有亲王都不再使用别的餐具，并彻底放弃在餐桌上使用银器。在葡萄牙，我们称之为'瓷器'，它们来自印度，产自中国。黏土是如此的细腻和透明，以致这种白色超越了水晶和方解石，而那些画有各种蓝色的器皿，则仿照了方解石和蓝宝石的搭配，光彩夺目。它们的脆弱易碎可以被它们低廉的价格所抵消。最伟大的亲王们都可以欣赏它们以取乐和满足好奇心。这就是为什么它们会出现在葡萄牙的原因"。[33]

教皇感受到了主教含蓄的批评，于是要求后者在回到葡萄牙以后把中国瓷器寄给他，以替代他的银质餐具。此后得益于大使的努力，大量种类丰富的中国瓷器从里斯本寄往罗马。

两年以后，1565年，正值"葡萄牙的玛丽"[34]和亚历山大·法尔内塞（Alexandre Farnèse，1545—1592）结婚之际，里斯本举行了几次宴会。其中一次是由皇太后"奥地利的凯瑟琳"宴请宫廷中的女士们的。美食和饮料来自葡萄牙帝国的各个角落，如恒河和印度的水。新娘的舅舅，即当时印度总督康斯坦丁·德·布拉干斯（Constantin de Bragance，1528—1575），于1565年9月11日负责举办了盛宴：

> "（当时上菜使用的餐具）一部分是银质餐具，另一部分是十分珍贵

的瓷器餐具，比纯金纯银的都要受到重视，其中有些因为它们的尺寸和美引起了惊叹。还有一张桌子，桌子上摆满了镀金的银制餐具，另一张桌子上摆放着精美的印度花瓶，对于识货的人来说，几乎都像高级珠宝一样。桌上还有非常精美的锦缎桌布和餐巾。"[35]

在庆祝活动期间，皮埃尔·博代（Pierre Bordey）在里斯本购买了两打中国瓷器，送给他的表兄弟格拉维尔红衣主教，后者为西属荷兰摄政女王、帕尔马的玛格丽特的部长和顾问。但是瓷器到达布鲁塞尔宫廷的时候破损了[36]。

这两份资料表明，中国瓷器不再是葡萄牙贵族的稀有之物，其功能也不仅仅是装饰性的。既然教皇庇护四世的要求很快能得到满足，而皮埃尔·博代可以在婚礼期间购买瓷器，说明瓷器已经是餐桌用品的一部分，并且大量出现在里斯本。巴托洛缪·多斯·马蒂雷斯使用"餐具"（baixela）一词的事实意味着，即使我们不知道组成这些餐具的数量和类型，甚至不知道它们的装饰图案，最早的组套餐具已经存在。

第五代布拉干斯公爵——狄奥多西一世（1505—1563）去世以后的财产盘点[37]，从 1564 年开始一直到 1567 年 11 月结束。清单所列数量似乎证实中国瓷器是宫殿内日常生活的一部分。该文件至为重要，它使我们了解了瓷器的形状，并发现其中大多数与餐桌相关。文件亦揭示了瓷器所用的技术和纹样，并且提供了它们的估值。

清单所涉及的（瓷器）形态多样，包括碟子、坛子、带盖的盒子、洗手盘、大托盘、餐盘、刮胡盆、杯子、执壶、水壶、水罐、细颈小瓶、奶瓶、砧盘、鸡盘、"碟式"盘、"钟形"器皿、带盖盘子、瓶子、"深盘式"器皿、盆子、带柄罐、醋瓶……有很多说明仍然非常模糊，尽管清单中常常会提到这些瓷器是圆形的或者带足的。

至于装饰技术，这份资料反映了中国瓷器在这方面的多样性，并强调了明代瓷器的特征之一：彩绘瓷比起单色釉瓷拥有至高无上的优势。库存清单提到了：白色和金色的瓷器（f° 46 v°，此为藏品号，下同），这肯定是指"金襕手"式的瓷器；"红彩和绿彩"的瓷器，可能是嘉靖时期（1522—1566）一种非常典型的瓷器，这"两种颜色"，是两种釉上彩的组合均衡地分布在釉上（这一系列中比较少见的组合是绿釉地红彩）；"蓝色纹样"瓷器（f° 46），很有可能是釉下青花瓷器，在中国生产和出口的瓷器中占主导地位；"外表白色、圆形、彩色的瓷器""红色彩绘"（不清楚是釉下红铜彩绘或是红釉的瓷器）（f° 47 v°）；"蓝色颜料"装饰的瓷器（f° 74）；30 个"镂空"

的盘子（f° 75 v°）——这肯定指的是使用了一种需要大量技能和专业知识的、非常精巧的技术，中国人称之为"玲珑（剔透）"或者"鬼（斧神）工"，当瓷器达到与皮革类似的硬度时，就可以用一种金属锥子进行镂空雕刻……

所有这些物品都存放在"玻璃和瓷器厅""卡塔琳娜夫人玻璃小厅"中。在展示柜中，有两个马达班罐，里面有 30 斗小麦（f° 56）。该清单还提到狄奥多西的兄弟、印度第七任总督康斯坦丁·德·布拉干斯（任期 1558—1561）赠送给他的嫂子贝亚特丽丝·德·兰卡斯特（Béatrice de Lancastre，1542—1623）的瓷器：8 件"钟形"瓷器、两个带盖的"碟式"盘、一个瓶子、两个执壶、30 个镂空盘子、8 个鸡盘、1 个"深盘式"瓷器和 27 个盆（f°75 r° 和 v°）。在所有装饰主题中，让我们提一下在 49 个瓷盘中都占据中央位置的螃蟹和在一个大盆中心的鹭鸟，这些纹样也出现在沉船旗鱼号（Espadarte，1558 年）残骸中找到的瓷器上。

1603 年，第七代布拉干斯公爵狄奥多西二世[38]与胡安·德·韦拉斯科（Juan de Velasco，弗里亚斯公爵、第七任卡斯蒂利亚统帅）的女儿安娜·德·韦拉斯科（Ana de Velasco）举行婚礼。就像 1565 年，新郎的姑姑"葡萄牙的玛丽"和亚历山大·法尔内塞结婚的时候一样，虽然瓷器餐具数量有限，但是人们仍然能在餐桌上看到它们的身影。餐厅"真正展示了王室的光彩"，里面有两个宝座形的精巧餐具柜，就放在进门后背靠左边的墙。柜子里放着"仅用作摆设的瓷器餐具，与那些放在礼拜堂或公爵、公爵夫人和他们亲友的公寓里的实用性餐具完全不同"，同时有"3 套在宴会中轮流使用的美丽餐具，1 套是用金银雕镂，1 套是用银和水晶制作，最后 1 套是中国瓷器，在当时是非常珍贵和罕见的"。[39]

葡萄牙菲利普一世（1580—1598 在位）——即西班牙菲利普二世——统治期间，给我们留下了另外一类信息：16 世纪末造访葡萄牙的旅行者们的故事。虽然他们的叙述反映了非常多样化的观察和感想，但从葡萄牙帝国的各个角落传入欧洲的新奇事物让所有人都痴狂迷恋。

1581 年，威尼斯共和国派遣了两位大使前往里斯本祝贺菲利普一世征服葡萄牙，即温琴佐·特隆（Vincenzo Tron）和吉罗拉莫·利波马诺（Girolamo Lippomano）。他们这次的旅行记录委托给一位不具名的作者。该作者通过对这个著名城市的总体描述赞扬了该国的精致。作者惊叹于"新街"的壮观，"点缀着无数家商店，店里装满各种商品"，并继续写道：

"其中，有四到六家出售从印度进口的商品，如各种形状的细致瓷器、贝壳、以各种方式加工的椰子、螺钿小盒等。这些商品在过去以低廉的价格出售，但最近几年，由于城市的瘟疫、西班牙人入侵里斯本后的抢劫以及在过去两年里都没有舰队从印度回来，它们变得非常昂贵”。[40]

作者还描述了船只从印度运来的货物，并提到了中国丝绸和“透影瓷器”[41]。

1598 年，菲利普一世像他的祖父曼努埃尔一世在 80 年前做的一样，向葡属印度总督订购商品。1598 年 3 月 10 日，在里斯本，王室向印度总督弗朗西斯科·达·伽马上将伯爵发送了订购清单，要求他除其他商品外，购买“大量精选琥珀和麝香、地毯和上等瓷器”（f°404）[42]。这无疑是这位国王所下的最后一个订单，他于同年 9 月 13 日崩逝。

在印度的果阿，中国瓷器也是葡萄牙各机构日常生活的一部分，如圣保罗学校和耶稣会修道院，再加上当时也由耶稣会管理的王室医院等。

在葡萄牙菲利普二世统治期间（1598—1621）（西班牙的菲利普三世），瓷器继续流入里斯本。1616 年 1 月 16 日，在果阿港以安东尼奥·瓦兹·门德斯（António Vaz Mendes）名义登记的一批货物，包括“4,000 件左右的瓷器、价值 300 希拉非（xerafin）；2,000 件左右的瓷器、价值 160 希拉非”[43]。1620 年，尼科劳·德·奥利维拉（Nicolau de Oliveira）在对里斯本的描述中提到了 17 个中国瓷器商人的存在，并指出“许多成套的瓷器餐具被运过来，许多船上有两三千套，每套大概有二十来件”。[44]

在 17 世纪，无论是荷兰人和英国人对葡萄牙船只造成的威胁，还是破坏中国瓷器工坊的内战，都没有导致瓷器贸易的中断，即使明朝（1368—1644）当时正走向灭亡。1636 年 10 月 28 日，火炮铸造者曼努埃尔·塔瓦雷斯·博卡罗（Manuel Tavares Bocarro）从澳门写信给印度总督，内容涉及向王国提供的许多服务，并抱怨了货款被拖延和面临的诸多困难，这些困难不仅在定做火炮的生产上，更在于如何将它们运送到果阿，因为所有船只“都装满了瓷器餐具”（f°295）。[45]

译者：毛鸷薇
审校：曹慧中

017

〔1〕 Barbosa, *Livro do que viu e ouviu no Oriente Duarte Barbosa*, p. 156.

〔2〕 同注1, p. 113。

〔3〕 D'Intino, Raffaela, *Enformação das cousas da China - textos* do Século XVI, Lisbon, Imprensa Nacional-Casa da Moeda, 1989, p. 102.

〔4〕 Orta, Garcia da, *Colóquio dos simples e drogas da Índia*, publicação da Academia Real das Sciencias de Lisboa, dirigida e anotada pelo Conde de Ficalho, Lisbonne, Imprensa Nacional, 1895, vol. II, colóquio 38º, p. 161.

〔5〕 Cruz, Frei Gaspar da, *Tratado das coisas da China*, introdução, modernização do texto e notas de Rui Manuel Loureiro, Lisbonne, Cotovia, Comissão Nacional para as Comemorações dos Descobrimentos Portugueses, chap. XI, *Dos oficiais mecânicos e dos mercadores*, pp. 149—150.

〔6〕 同注5, p. 150。

〔7〕 该作品首先以西班牙语（1642）出版，然后以意大利语（1643、1653、1667、1678），法语（1645、1667），英语（1665）和荷兰语（1670）进行翻译和出版。当然我们也不能排除其他语言版本存在的可能。参见 Semedo, Álvaro, *Relação da Grande Monarquia da China*, traduzido do italiano por Luís Gonzaga Gomes, Macao, Direcção dos Serviços de Educação e Juventude e Fundação de Macau, 1994, p. 7。

〔8〕 同注7, p. 42。

〔9〕 Massing, Jean Michel, "Gaignières-Fonthill Vase", in *Circa 1492, art in the age of Exploration*,展览图录，Washington, National Gallery of Art, 1991, cat. 15, p.131.

〔10〕 Correia, Gaspar, *Lendas da Índia*, chap. 22, vol. I, p. 141.

〔11〕 AN/TT, *Cartas dos Vice-Reis da Índia*, doc. 168 ;此信发表于 Silva, Joaquim Candeias, *O Fundador do, Estado Português da Índia , D. Francisco de Almeida 1457（？）—1510*, prefácio de Joaquim Veríssimo Serrão, colecção Mare *Liberum,* Lisbonne, Imprensa Nacional Casa da Moeda, s.d., pp. 334–339.关于此封信，Joaquim Candeias da Silva建议可能的年代：阿布朗提斯，1505年4月初。

〔12〕 Gaspar Correia, *Lendas da Índia,* D. Francisco de Almeida, chap. 3, vol. 1, p. 909. 关于此封信，Joaquim Candeias da Silva建议可能的年代：科钦，1508年9月，或坎纳诺尔，1508年12月6日。

〔13〕 Thomaz, Luís Filipe, *De Ceuta a Timor*, 2e édition, Lisbonne, Difel, Memória e Sociedade, 1998, chap. VII, *De Maca a Pegu*, pp. 298-299.

〔14〕 船队于1512年8月19日从马六甲出发，9月2日抵达北苏门答腊王国的帕赛（Pasai），该地盛产辣椒。之后船队于9月10日离开，26日抵达勃固王国最大的港口之一马达班（Martaban）。1513年2月底船队开始返航，中途停靠帕赛，于1513年5月9日到达马六甲。

〔15〕 船队从马六甲出发，8月5日到达帕赛，9月1日到达马达班；1515年3月8日左右开始返航，并在1515年4月到达马六甲。

〔16〕 *Livro de receita e despesa de Pero Paes feitor de um Iunco que El-re armou a meias com Nina Chatu em Malaca e mandou a Pegu*（IAN/TT, *Fundo Antigo*, nº 801），fº12, 收入于Thomaz, Luís Filipe Ferreira, *De Malaca a Pegu. Viagens de um Feitor Português*（*1512-1515*），Lisbonne, 1966, p. 313, note 58.

〔17〕 同注16, p. 71。

〔18〕 同注16, fº 13, p. 72。

〔19〕 当时的资料说明，这些盆往往都配有壶。

〔20〕 *Caderno da despesa e receita de Pero Pais, feitor do jundo de Martabão. Livro da receita que fez Pedro Paes em Pacem por morte de Duarte Peçanha 1514*（Armário – 26 – do interior da Caza da Coroa, Maço unico – nº 3），fº1, 收入于Thomaz, Luís Filipe Ferreira, *De Malaca a Pegu. Viagens de um Feitor Português*（*1512-1515*）, Lisbonne, 1966, p. 160.

〔21〕 IAN/TT, *Corpo Cronológico*, parte 1ª, maço 10, doc. 69.

〔22〕 若昂·德·萨陪同瓦斯科·达·伽马向卡利卡特国王面呈了曼努埃尔一世的信件。

〔23〕 *Cartas de Quitação del Rei D. Manuel I, Archivo Historico Portuguez*, direção de Anselmo Braamcamp Freire, vol. IV, Lisbonne, 1906, p. 75.

〔24〕 IAN/TT, *Corpo Cronológico*, parte 1ª, maço 13, doc. 10.

〔25〕 IAN/TT, *Corpo Cronológico*, parte 3ª, maço 8, doc. 1.

〔26〕 *Opúsculos Históricos*, Porto, Civilização, 1945, p. 119.

〔27〕 参见Pinto de Matos, *Maria Antónia, The RA Collection of Chinese Ceramics. A Collector's Vision,* London, Jorge Welsh Books, 2011, vol. I, p. 133。

〔28〕 IAN/TT, *Corpo Cronológico*, parte 1ª, maço 22, doc. 80 ; 收录于Loureiro, Rui Manuel。

〔29〕 IAN/TT, *Corpo Cronológico*, parte 1ª, maço 41, doc. 29 ; 收录于Loureiro, Rui Manuel。

〔30〕 IAN/TT, *Corpo Cronológico*, parte 1ª, maço 107, doc. 19.

〔31〕 IAN/TT, *Núcleo Antigo*, 791.

〔32〕 AN/TT, *Corpo Cronológico*, parte 1ª, maço 96, doc. 147. Gschwend, Annemarie Jordan,*O Fascínio de Cipango. Artes Decorativas e Lacas da Ásia Oriental em Portugal, Espanha e Áustria(1511-1598)*, in *Os Construtores do Oriente Português*, 展览图录, Porto, p. 206.

〔33〕 Sousa, Frei Luís, *A vida de Frei Bartolomeu dos Mártires*, Lisbonne, 1984, pp. 256-257.

〔34〕 "葡萄牙的玛丽"（1538—1577），父亲为曼努埃尔一世的皇子杜阿尔特，母亲为布拉干斯公爵杰米一世女儿伊莎贝尔。

〔35〕 Bertini, Giuseppe, *Le Nozze di Alessandro Farnese. Feste alle corti di Lisbonna e Bruxelles,* Milan, Skira, 1997, p. 86. 引用 Pinto de Matos, 2011, vol. I.p.128, 见注27。

〔36〕 Bertini, Giuseppe, *Le Nozze di Alessandro Farnese. Feste alle corti di Lisbonna e Bruxelles*, Milan, Skira, 1997, p. 86, note 105 ; Castan, Auguste, *Les Noces d'Alexandre Farnèse et de Marie de Portugal. Narration faite au cardinal de Granvelle par son cousin germain Pierre Bordey*, Bruxelles, 1888, p. 60.

〔37〕 *Inuentario q se fez da fazenda q ficou por falecim[o] do Serenissimo Duque e de Bragança Dom Theodosio q sancta gloria aia.*

〔38〕 狄奥多西二世（1568—1630），父亲是布拉干斯公爵若昂一世，母亲是卡塔琳娜，为是曼努埃尔一世国王的孙女。他的儿子若昂二世，未来的若昂四世国王，恢复了葡萄牙的独立。

〔39〕 Ferrão, Bernardo, *Relação das Festas de Casamento de D. Teodósio II, Duque de Bragança, com D. Ana de Velasco, em Vila Viçosa, em 1603*, in *Mobiliário Português. Dos Primórdios ao Maneirismo Anexos*, vol. IV, Porto, Artes Gráficas, Lello e Irmão, 1990, p. 228.

〔40〕 Herculano, Alexandre, *Viagem a Portugal dos Cavaleiros Tron e Lipomani. 1580*, in *Opúsculos*, vol.VI, Controvérsias e Estudos Historicos, t. III, Lisbonne, Livraria Bertrand, Rio de Janeiro, Livraria Francisco Alves, s. d., pp. 115-116.

〔41〕 同注40, p. 120。

〔42〕 Filmoteca Ultramarina Portuguesa, *Livro das Monções nº 2-B do Arquivo Histórico do Estado da Índia*, Ficheiro 2, Gaveta 1, Divisões 3-4, Bandas 23-24.

〔43〕 *Caderno das Fazendas que se carregaram na India nas naus do ano de 1616 com certidões e relação dos oficiais da Alfândega de Goa*, Goa, 1 de Janeiro de 1617, Arquivo Histórico Ultramarino, *Conselho Ultramarino-Índia*, Caixa 7, doc. 136.

〔44〕 Oliveira , Nicolau de, *Livro das Grandezas de Lisboa*, Lisbonne, 1991, p. 462.

〔45〕 IAN/TT, *Documentos remetidos da Índia*, Livro 35.

17 世纪的中欧贸易
——以"白狮号"沉船为中心

杰洛恩·布鲁日（Jeroen ter Brugge）

荷兰国立博物馆

16 世纪的中欧贸易由葡萄牙主导。到了 17 世纪，贸易的主导权则转移到荷兰人手中。1594 年，荷兰远方公司（CompagnievanVerre）成立；1596 年，其船队到达万丹（Bantam），开始与东方进行直接贸易；1595—1602 年间，荷兰陆续成立了十几家从事东印度贸易的公司。到 1602 年，所有贸易公司合并成为荷兰东印度公司（VOC），同年在北大年（Pattani，地名）设立商馆，开启了贸易的新时代；1619 年，荷兰东印度公司征服雅加达，改称"巴达维亚"（Batavia）；1641 年，荷兰东印度分公司攻占马六甲，全面取代葡萄牙主导东西贸易。17 世纪是荷兰海外贸易的黄金时代，阿姆斯特丹成为贸易中心，荷兰东印度公司船队在大洋间穿梭如织，将茶叶、丝绸、瓷器、香料等东方货品源源不断地运往欧洲，而偶尔沉没的船只如同凝固的时间胶囊，封存其特定的贸易历史片段——"白狮号"（Witte Leeuw）就是其中一艘重要的沉船。这艘沉船是荷兰东印度公司的船只，长 46—49 米，宽 11 米，容量 540 吨，1613 年 6 月 13 日沉没于詹姆斯湾的圣赫勒拿岛（前丘奇湾），1976 年被成功打捞。

荷兰国立博物馆每年都会收到来自世界各地博物馆的申请，请求借展"白狮号"沉船出水的中国瓷器。无数研究人员也来到博物馆库房进行相关研究。可见这批文物在艺术史和历史研究中都非常重要，备受关注。"白狮号"沉船出水文物相对年代较早，且反映了荷兰东印度公司的东亚贸易状况，是一处重要而罕见的完整遗迹。[1] 除了瓷器外，"白狮号"沉船还提供了其他遗物——船舶本体和设备的遗存，以及属于船上人员的其他商品和所有物。综合而言，这些发现是这艘沉船的缩影。正是这一系列事物形成了"白狮号"沉船对广大公众的核心吸引力：与世隔绝的人和物品遭遇灾难，成了一个更大的失落世界的象征。

1973 年至 1986 年间，荷兰国立博物馆从荷兰东印度公司的沉船中收集了大量遗物，建立起一个收藏序列。建立这一收藏的动机与时代精神密切相关。当时，研究人员和博物馆都致力于研究和展示"日常生活"的历史。在此之前，博物馆的收藏传统展现的是社会精英的历史，而考古发现则使普通人生活面貌的展现成为可能。此时的陆地和海洋考古学都在蓬勃发展，中世纪后期历史也受到了越来越多的关注。时任荷兰国立博物馆历史部主任的维姆·弗鲁姆（Wim Vroom）和副馆长巴斯·基斯特（Bas Kist）都希望以船上日常生活相关的藏品来丰富关于荷兰东印度公司的收藏，沉船中出水的反映船舶、货物和船员情况的文物非常适合。通过弗鲁姆和基斯特的努力，来自"白狮号"和其他八艘荷兰东印度公司船只的数千件文物入藏，其中包括"飞鹿号"（VliegentHert, 1735）和"霍兰迪亚号"（Hollandia，1743）的出水遗物。

"白狮号"的冒险

荷兰东印度公司的"白狮号"于 1610 年 1 月在德士尔附近随"圣诞舰队"出海，同行的还有来自荷兰东印度公司阿姆斯特丹办公室的三艘船只。另外三艘来自泽兰办公室的返航船只将在前往东亚的途中加入这次航行。这次出境航行由皮耶特·博思（Pieter Both，1568—1615）指挥。到达后，他将代表荷兰东印度公司出任第一任荷兰东印度总督，并代表公司利益。据消息源称，"白狮号"是艘 540 吨的三桅帆船，自 1601 年以来已为荷兰东印度公司进行了两次东亚往返航行[2]。它全长 46—49 米，并装有 24—30 门大炮，是一艘大船，适合运载大量商品。此次出航的船长是克拉斯·鲁特格森·斯密特（KlaasRutgerszn Smit），带领着大约一百名船员，可能还有几十名士兵和乘客。尽管船队在航行中因暴风雨而失散了数次，但后来又汇合了，这主要归功于他们按照当局的指示走了一条固定路线。[3] "白狮号"在此次航行中到达印度尼西亚群岛，目的有两个：一是为荷兰东印度公司在商贸便利之处建立垄断，二是装载一批返程货物。当"白狮号"在这些水域航行的时候，荷兰的霸权还尚未非常稳固。葡萄牙人和英国人与各岛屿的土著统治者签订了贸易协定，并进行贸易。在争取特定香料贸易的专有权时，荷兰东印度公司试图通过使用暴力和一定程度上的外交手段将他们赶走。这经常导致小规模冲突，并造成船舶被扣押，贸易站被占领。由于荷兰东印度公司势力范围的扩张，当地人遭受了不少苦难。

贸易条约由武力胁迫而达成，流血事件并不罕见。为此，博思指挥一支小舰队驶往班达奈拉、艾岛、润岛和特尔纳特等地。1612年3月，博思把"白狮号"派往摩鹿加群岛，然后又派往万丹岛（Banten）[4]囤积货物，然后准备再驶回荷兰。

一份保留至今的手写万丹货物清单显示了"白狮号"装载货物的具体内容。它主要由香料组成，其中以胡椒为主，也包括丁香和肉豆蔻。货物中还有大量大小不一的未切割钻石，共480.5克拉。但清单上并没有提到任何一件瓷器（虽然瓷器是后来"白狮号"扬名的关键），这些瓷器可能是"白狮号"在早些时候访问过的一个岛屿上装载的，且很可能是通过中国的中间商获取。目前尚不清楚这些瓷器是供船上官员和乘客私人交易，还

图1　圣海伦娜岛地图
图中显示四艘葡萄牙克拉克船在抛锚停泊中。本图为1595—1597年科内利斯·德·霍特曼（Cornelis de Houtman）去东印度群岛的"第一次装运"行程中的航行日志插图。荷兰国立博物馆藏

是普通的东印度公司商品。

与另外三艘荷兰东印度公司的船只和两艘英军东印度群岛舰队船只一起，"白狮号"在简·迪克斯·林（Jan Dirckzn Lam）的指挥下离开了万丹。舰队绕过海角，于1613年5月进入圣赫勒拿岛（图1）。他们可以在这里储备淡水和粮食，各国船只经常在此补给。过了几天，似乎发生了一件幸运的事。在圣赫勒拿岛的另一边停泊着两艘满载货物、但显然防护相对薄弱的葡萄牙帆船（也叫"克拉克"船）。在八十年战争期间起草的《荷兰东印度公司宪章》规定，"可对敌方物品造成尽可能多的破坏"。这些从印度返回的船只似乎很容易被捕获，但一次致命的事故终止了这一政治、战略和商业计划。荷兰方面的资料对这次极具羞辱性的事件做了非常简短的描述，仅提及"白狮号"的损失。其中一艘英国船只的船长在他的日记中详细描述了这艘船是如何沉没的，以及在此之前发生了什么。[5] "在罗洛夫·西蒙兹恩·德·布洛姆（Roelof Simonszn de Bloem）船长的指挥下，两艘船都遭到了炮火的袭击。当时情况不妙，但是，他们仍要登上旗舰，还将低处的军械放在副舰上。有人认为，一个强化工事爆炸并冲破了火药室，船身的后半部分被炸成了碎片，所以（"白狮号"）就这样沉没了……"

一门大炮的爆炸导致弹药库起火，随后又引发爆炸。船随即沉没了。一些船员幸存下来，逃到附近的船只或设法到达了詹姆斯敦湾海岸。这个故事就是由他们讲述的。

发现、研究和出水文物

1976年，圣赫勒拿附近的"白狮号"沉船被发现时，荷兰的水下考古还处于起步阶段。不仅设备的使用无法适应新的可能性和国际发展，法律法规方面也是如此。在个人研究者的影响下，公众开始熟悉海底的发现，特别是在地中海地区的发现。

法国人雅克·库斯托（Jacques Cousteau，1910—1997）的水下电视报道尤其出名，他不仅报道水下自然环境，而且关注海洋考古学。比利时人罗伯特·斯特努伊特（Robert Sténui，1933—）也属于这一代自发的研究者。从一开始，他就专门定位和调查16世纪至19世纪早期的欧洲沉船。带着他私人资助的"后中世纪时期水下考古研究小组"（GRASP），斯特努伊特绘制了"白狮号"和其他沉船的地图。这些发现通过拍卖进入市

图 2 "白狮号"铜轮

这个沉重的轮子可以用来升起或降下系主帆的帆桁。

直径 42 厘米

荷兰国立博物馆藏

图 3 "白狮号"残骸中的青铜大炮

这门令人印象深刻的大炮可以发射近 11 千克（24 磅）重的炮弹。

长 384.5 厘米

荷兰国立博物馆藏

场，但这并没有引起太多的公众愤慨，部分原因可能是这些出水物中有很多最终进入了博物馆收藏。尽管斯特努伊特把 GRASP 小组当成考古研究所来介绍，并介绍了他们的科学计划、专业潜水员和两名受过学术训练的考古人员，但他的发现并没有形成大量的报告、详细的图纸和遗物目录。而他们通过出售出水物品来筹集探险资金的做法，同样对科学研究没有多少好处。"白狮号"的情况也非常类似。尽管荷兰国立博物馆获得了大量可用于研究的文物，也出版了两种出版物，斯特努伊特还与副馆长基斯特一起简要报告了他的调查情况。[6] 斯特努伊特非常留意传世文献材料，这些资料帮助他找到了沉船的位置。在文献中的平面示意图中，木质结构和大型金属物体（青铜和铁炮、滑轮以及铅管）被分段表示，可以看到船体相当一部分似乎被保存在海湾的泥沙中，右舷微微向上，一直到炮台（图 2-3）。调查情况中提到：潜水员观察到，由于弹药库爆炸的冲击，船的龙骨梁断裂。这也可以解释为什么声呐在离沉船很远的地方发现了单独的大炮。在沉船旁边也发现了与此相关的松散船木，当然这些也可能是船体

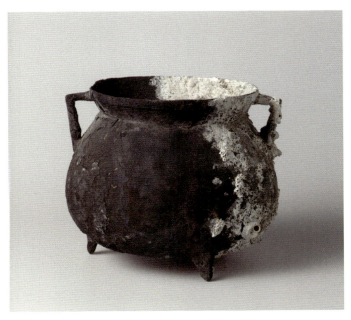

图 4　釜（带珊瑚残骸）

欧洲西北部，17 世纪早期

铁

高 24 厘米

荷兰国立博物馆藏

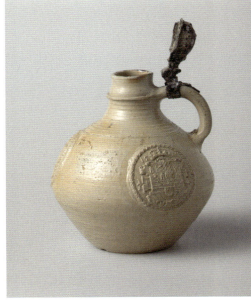

图 5　带铰链铁皮盖的水罐，带三个国王盾形徽
　　　章浮雕奖章

德国，1585 年

高 18.5 厘米

荷兰国立博物馆藏

沉没后解体留下的。沉船被埋在几米深的淤泥中，每一个解体的部分很快又填满了泥沙。斯特努伊特解释说，这也是为什么他集中精力打捞松散的物料的原因。

"白狮号"超过400公斤的瓷器引起了GRASP和后来的研究人员的极大兴趣。数以千计的残片，也包括一些完整或者接近完整的器物被收集起来。斯特努伊特估计，只有不到1/4的瓷器被打捞上来。其中青花克拉克瓷最为突出，另有一组薄壁瓷器（酒杯）和一些较粗糙的漳州窑瓷器出水。[7]

除了瓷器以外，"白狮号"还出水了许多其他材质的物品。用作压舱物的铅锭、"艾瑟尔斯汀"砖以及索具上的各种木块都被收集了起来。其中最引人注目的是14个大型青铜圆盘，可能是前桅滑轮的一部分。大锅、

图6　储物罐（马达班）
亚洲，16世纪
石器
高57厘米
荷兰国立博物馆藏

图 7 船夫带链哨子
荷兰，1600—1613
银
长 29.5 厘米
荷兰国立博物馆藏

图 8 食火鸡蛋
食火鸡分布在新几内亚、印度尼西亚和澳大利亚东北部。这枚
蛋可能是为荷兰的一个珍宝储藏室专门准备的。
17 世纪初
15 x 12.5 厘米
荷兰国立博物馆藏

盘子、刀和勺子等，以及各种德国炻器（图 4–5），都是船上人们日常使用的物品。被称为"马达班"（martaban）的亚洲产大型储物罐，其大小和外观在这些遗物中非常突出（图 6）。它们很可能装满了回程的商品或食物。有件极其罕见的遗物是一只银色船夫带链哨子（图 7）。它不仅是实用工具，而且象征着曾经把它戴在颈间的低级官员的尊严。[8] 在沉船内部和周围也发现了香料的残存，板结在铁器物上的食物残渣里发现了胡椒和肉豆蔻。官员和乘客的私人物品包括巨型蛤蜊、食火鸡蛋（图 8）和椰子等奇异物品。它们原本会出现在当时荷兰非常常见的珍宝室里。

目前，已经发表的研究成果主要集中在遗物本身。这种艺术史方法对于类型学和年代学具有重要意义。"白狮号"作为一个封闭的考古遗址（"庞贝效应"），其起讫日期都是明确的，所以上面的瓷器尤为重要。这就是为什么直到现在它仍然是全世界研究者宝贵的材料，并无疑将来还会带来新的发现。同时，"白狮号"考古遗址也值得进行分析，将船只、货物和历史联系起来。"白狮号",包括船只和货物,为研究荷兰从16世纪后期开始的扩张及其对荷兰和船难发生地区(如印度尼西亚)的影响提供了独特的视角。

结语

在被发现近45年后,"白狮号"沉船,尤其是同时出水的瓷器,为全球陶瓷研究者、历史学家和考古学家所熟知。由于其特殊的货物,及船舶沉没时间正处在荷兰东印度公司发展史关键阶段,"白狮号"已经成为最著名的沉船之一。荷兰国立博物馆收藏了其中大部分遗物,并以此为基础研究"白狮号"出水瓷器,发表了相关成果,这使得"白狮号"及相关文物的地位不同于其他出水遗物多散落在私人藏家或爱好者手中的沉船。虽然"白狮号"沉船残骸没有被保存下来,但这艘船对圣赫勒拿岛意义非凡,当地博物馆为这艘沉船的出水遗物特辟了一个展区。自从荷兰东印度公司沉船中的打捞物被收购以来,它们或多或少一直是荷兰国立博物馆常设展中的一部分。"白狮号"和打捞出水的文物也为我们了解17世纪的中西贸易提供了独特的剖面。

译者:毛鸳薇

〔1〕 这一稿件以荷兰国立博物馆的资料及以下文献为基础：

（1）J.B. Kist, 'De "Witte Leeuw"' ,*Bulletin van het Rijksmuseum 25* (1977) , pp.163-164.

（2）R. Sténuit, 'De "Witte Leeuw". De schipbreuk van een schip van de V.O.C. in 1613 en het onderwateronderzoek naar het wrak in 1976'. *Bulletin van het Rijksmuseum 25* (1977), pp.165-178.

（3）R.Sténuit, 'Le Witte Leeuw. Fouilles sous-marines our repave d'un navire de la compagnie Hollandaise des Indes Orientales, coulé en 1613 a l'ile de SainteHelene', *Bulletin van het Rijksmuseum 25.*

（4）C.L. van der Pijl-Ketel (ed.). The ceramic load of the 'Witte Leeuw' (1613), Amsterdam (Rijksmuseum) 1982.

〔2〕 J.R. Bruijn, F.S. Gaastra, I. Schoffer (m.m.v. E.S. van Eyck van Heslinga), *Dutch-Asiatic Shipping in the 17th and 18th centuries.* vol. I Et II, Rijks Geschiedkundige Publicatien Grote Serie 166-167, Den Haag 1979, nos. 0062-0096-0139-5051-5073.

〔3〕 从葡萄牙出发的航线主要经过佛得角群岛、好望角、塔布尔湾、非洲东部马达加斯加以西、科摩罗向东，一直到爪哇。见C.L. van der Pijl-Ketel (ed.). *The ceramic load of the 'Witte Leeuw'* (1613), Amsterdam (Rijksmuseum) 1982，pp.16-18。

〔4〕 荷兰语中多写作"Bantam"。

〔5〕 S. Purchas, *Hakluytus Posthumus or Purchas his Pilgrims: contayning a history of the world in sea voyages and lande travells by Englishmen and others* , London,1625,reprint,1905,pp. 352-354 Also see Van der Pijl-Ketel 1982, pp.19-20.

〔6〕 R. Sténuit, 'De "Witte Leeuw". De schipbreuk van een schip van de V.O.C. in 1613 en het onderwateronderzoek naar het wrak in 1976'. *Bulletin van het Rijksmuseum 25* (1977), pp.165-178; Van der Pijl-Ketel 1982, pp. 15-27.

〔7〕 一组18世纪晚期的器物在出水瓷器中是一个例外。关于这些器物如何出现在沉船处众说纷纭。参见Van der Pijl-Ketel 1982, pp.26-27, pp.250-260。

〔8〕 J.B. Kist, 'Sifflet van zilver, Nederland(?), vóór 1613', Bulletin van het Rijksmuseum 37,1989, pp. 194-197.

变迁、策略与竞争：18世纪中欧瓷器贸易

陈洁

上海博物馆

一、欧洲东印度公司瓷器贸易变迁

进入 18 世纪，中欧陶瓷贸易的图景发生了显著变化。与 17 世纪相比，更多欧洲国家开始直航广州，参与同中国的贸易，各国东印度公司之间的竞争也更为激烈。对于中欧陶瓷贸易的历史变迁，有研究者曾这样概括：16 世纪是葡萄牙的世纪，17 世纪属于荷兰，而 18 世纪则是英国的世纪。就 18 世纪而言，英国的贸易量位居世界第一，但也并非一枝独大，荷兰尚未完全衰落，进口数量依然可观；瑞典、法国和丹麦也都是重要的中国陶瓷进口国。

英国东印度公司于 1600 年建立。1698 年，新东印度公司成立。1702 年，新旧两家公司合并。早在 17 世纪晚期，中英之间的直航贸易就已经开始，当时的贸易港口在厦门。[1]1699 年，麦士里菲尔德号（ Macclesfield ）直航广州。此后，英国来华船只在整个 18 世纪从未间断，中英贸易以广州为中心持续发展。

根据对 1729—1792 年间英国、荷兰、瑞典及法国东印度公司来广州贸易船只的统计：在 18 世纪前半叶，英国来华的船只数量略超荷兰、法国等，但优势不大；从 18 世纪 60 年代开始，英船数量激增，除个别战争年代，皆远远超过其他各国。就瓷器贸易而言，早在厦门时期，瓷器就已经成为中英贸易商品之一，在 1792 年英国东印度公司决定停止进口之前，中国瓷器是绝大多数货船的必备商品。

单就贸易量而言，英国东印度公司是 18 世纪中国瓷器最大的买家，我们可以根据东印度公司档案中的记载窥见其大致的情况。

18 世纪 20 年代之前，中国瓷器已经大量出口英国，但其订购情况不太稳定，各船数量差异较大：1700 年，伊顿号商船订购的中国瓷器金额为 17,000 两；1704 年，肯特号则运载价值 3,500 两白银的中国瓷器回航；1717 年，埃塞克斯号购入价值 22,000 英镑的瓷器，大约 305,000 件回国。[2] 瓷器的贸易及存货量也可以从伦敦总部的库存判断出来。1710 年，公司准备在拍卖会上出售"180,000 件杯碟（库存的 2/3）、27,000 只盘（全部库存）、26,000 件碗碟（1/2 库存）、4,000 只茶壶（全部库存）、45,000 件粗茶杯（全部库存）、26,000 件奶白色茶杯（库存的 2/3）"[3]。

18 世纪 20—50 年代，英国的中国瓷器输入量依旧较大，每船运回的瓷器数量少则一二百箱，多的可达近 400 箱。1724 年，麦士里菲尔德号商船运回大约 150 箱中国瓷器；1734 年，哈里森号和格拉夫顿号两船运回 240,000 件另 240 箱中国瓷器；1736 年，诺曼顿号购买的中国瓷器有 285 箱，里奇蒙号 389 箱，沃波尔号和威尔斯公主号合计 455 箱；1741 年，4 艘公司船共运回 844 箱中国瓷器；1750 年，7 艘公司船运回 789 箱中国瓷器。[4]

18 世纪 60 年代开始，英国来华贸易船数量激增，因此，每艘商船运载的瓷器量减少，但相较于其他国家，其整体输入量占绝对优势。英国东印度公司减少了瓷器外箱的高度，使用"半箱"为单位。如 1765 贸易季，从广州往伦敦的英船有 15 艘，公司投资购买的全部瓷器为 98 箱加 1,155 半箱；1769 年，庞斯库恩号运载 70 箱加 40 半箱；1774 年，4 艘商船合运回 479 半箱[5]；1784 年，第一批 4 艘返航商船共运回 715 半箱[6]。

大量中国瓷器的持续输入使市场渐趋饱和，加上欧洲瓷器的成熟与竞争，到 18 世纪 80 年代，中国瓷器在欧洲已经销路不佳了。1788 年，英国德比瓷厂的经理向其上司报告："本周东印度公司的拍卖，1,800 组货品中，拍出去的连 500 组都不到[7]。"1792 年，英国东印度公司决定停止从中国进口瓷器。此后，通过公司渠道进入英国的中国瓷器就很少了。

18 世纪，英国东印度公司与中国的直航贸易最为持久稳定，其来华商船数量远远超过其他欧洲国家，整体的瓷器贸易量亦居欧洲之首。而重要性仅次于英国的，是荷兰东印度公司。对于荷兰东印度公司的研究，学者们通常偏重 17 世纪，它在 18 世纪瓷器贸易中的作用常被低估。

18 世纪初，荷兰虽未与中国直接贸易，但中国瓷器可经由华商运至巴达维亚，再转运至荷兰。1729 年，荷兰东印度公司开展对华直航贸易，直至 1794 年。需要说明的是，1735—1756 年被称为"巴达维亚管理下的中国贸易"时期，有研究者认为这段时间中荷直接贸易停止，这其实是一个误解。广州与荷兰的直航并未停止，只是部分商船由巴达维亚派遣和控制。

从 1729 年到 1794 年，除极个别年份，中国瓷器几乎不间断地从广州运抵荷兰。

18 世纪 50 年代中期之前，荷中贸易虽略逊英国，但相差不大，考虑到尚有部分瓷器通过巴达维亚转运至欧洲，荷兰的贸易量不容小觑。一个简单的比较也能够说明问题：根据 T. 沃克（T. Volker）的统计，在荷兰独占鳌头的 1602 年到 1682 年，荷兰人运往欧洲的中国瓷器数量为 320 万件。但是，仅仅在荷兰与中国展开直航贸易的最初几年（1729—1734）中，运往西欧的中国瓷器数量就已远远超过这个数字，达到 450 万件 [8]。

约尔格博士曾统计过 1730 年至 1789 年间荷兰运至欧洲的瓷器总量，约有 4,250 万件。18 世纪 40 年代初期之前，瓷器是荷中贸易中相当重要的船货，虽然其后瓷器在货品中的比率下降，但贸易量始终维持。18 世纪 50 年代后期至 60 年代是荷兰瓷器贸易的又一个黄金阶段，贸易量和利润率都达到很高的水平。18 世纪 70 年代开始，荷兰瓷器贸易的利润率下降。[9] 到 18 世纪 80 年代，瓷器贸易开始衰弱，利润更低，贸易量也下降明显，此时，英国的瓷器贸易也面临同样的问题。

瑞典东印度公司的瓷器贸易也同样值得关注。1731 年，瑞典东印度公司成立。次年，第一艘商船首航广州。此后，在 18 世纪，除个别年份，每年都会有瑞典商船到达广州，多为两艘，少则一艘，有些年份也会有三四艘。值得一提的是，尽管瑞典每年来华的商船不多，但单船运载的瓷器量似乎高于其他国家。1736 年运回的瓷器有 170 箱又 2,812 捆；1746 年，雷登号的装箱清单包括 97 箱、1,407 捆和 26 桶瓷器；[10]1764 年，瑞典仅 1 艘商船来华，但运载了 1,170 担瓷器，同年别国单船运量最多也只 800 多担；1774 年，瑞典两艘商船运瓷 2,015 担，接近 7 艘法国船的运量。[11] 瑞典的人口不多，运载的瓷器有许多输入欧洲其他国家，在公司第四次获得贸易垄断权的阶段（1786—1806），面对饱和的欧洲市场，瑞典的中国瓷器再输出遇到了很大问题，瓷器贸易衰弱。[12]

中法直接贸易始于 1698 年，安菲特里忒号（Amphitrite）商船运回了 167 箱中国瓷器，包括罐、水注、碟、剃须盘、大小盘子、水壶、茶壶、瓶、杯、高杯、五件一组的装饰器等品种，[13] 拍卖大获成功，激起了法国人对中国货品的兴趣。但在 18 世纪 20 年代之前，瓷器的贸易量不大，发船数也很少，两年或数年有一两艘。18 世纪 20 年代之后，情况才发生了变化，商船的数量增加，瓷器的输入量也开始增长。1722 年 7 月的法国东印度公司目录列出了 333,060 件瓷器；1723 年来华的两艘法国商船运回了 349,972 件器物；1731 年公司的瓷器拍卖中，列出了 68,916 件中国瓷器；

1769 年，回到洛里昂的商船卸下了 43,667 件青花浅盘、20,227 件彩绘盘、8,296 件果盘、15,526 件杯碟；1775 年，公司一次拍卖中有超过 175,800 件中国瓷器；1790 年的拍卖品中则有 227,763 件。[14]

法国东印度公司的垄断贸易权经历过数次兴废，贸易也受战争影响，在奥地利王位继承战（1740—1749）、英法战争（1756—1763）期间，美国独立战争（1775—1783）后段和英法印度冲突（1793 年）后的几年，中法贸易都曾中断，持续性和稳定性不如它的竞争对手。

丹麦的瓷器贸易很少受到关注。1728 年，丹麦国王建立了第三个亚洲公司。1731 年，第一艘丹麦商船来到广州。以后，几乎每年都有一两艘商船来华贸易，有些年份也会多至三四艘，因此，也保持着相当的贸易量。

关于丹麦中国瓷器输入量的研究很少，但可以找到一份 1760 年的运载清单："巧克力杯 6,008、咖啡杯 149,337、茶杯 307,318、黄油碟 804、小汤碗配碟 5,602、汤盘 10,448、餐盘 29,289、小甜品盘 5,333、调料汁盘 322、各式盘 24、各式色拉碗 70、瓷兔 15、各式人偶 42、唾盂 117、成套餐具 486、成套茶具 522、成套咖啡具 28、装饰瓷板 92、带盖汤盆 292、带盖咖啡壶 162、奶罐 748、茶壶 3,928、三至五件一组的各式潘趣酒碗 321、潘趣酒碗 2,813、潘趣酒杯 280、各式啤酒杯 305、卫浴用具 86、油醋瓶 114。"[15] 中国瓷器的贸易量和品种都值得关注。

下表比较了荷兰、瑞典、法国和丹麦不同年份的中国瓷器贸易量，[16] 虽然只有个别年份，但从中也可以大致窥见上述国家在中国瓷器贸易中的份额与差异。

图表　18 世纪 30—90 年代荷兰、瑞典、法国、丹麦与中国的瓷器贸易量对比[①]

年份	荷兰		瑞典		法国		丹麦	
1734	1艘	163箱	无	无	1艘	154箱200捆	1艘	248箱
1741	2艘	未记录	4艘	800箱	2艘	600箱	1艘	400箱
1764	4艘	3,326担	1艘	1,170担	4艘	2,284担	2艘	1,460担
1771	4艘	3,179担	1艘	985担	3艘	1,577担	1艘	674担
1772	4艘	2,372担	2艘	1,887担	3艘	1,400担	2艘	1,470担
1774	4艘	2,380担	2艘	2,015担	7艘	2,138担	2艘	1,117担
1792	4艘	1,100担	1艘	700担	2艘	180担	1艘	564担

① 箱、捆、担是贸易记录中的计量单位。贸易瓷器如盘、碗等，以一捆为基本包装单位，叠起成一摞加以捆扎，因器型、大小不同，一捆的数量亦有差别，通常包含数十件器物。捆扎后装入箱中，一箱可包含数捆至数十捆瓷器。一担是挑夫运送瓷器的重量单位，通常一担约为100斤。

除了上述国家，参与中国陶瓷贸易的还有奥地利的奥斯坦德公司，他们曾在 1717 年至 1732 年间至广东贸易，后来迫于英、荷压力而被迫解散，由 1752 年建立的普鲁士亚洲公司、老牌的葡萄牙继续通过澳门经营对华贸易。西班牙也在 1785 年后通过皇家菲律宾公司来华贸易。

二、贸易策略差异：以英国与荷兰为中心

对于陶瓷贸易的研究，当然不能仅以贸易量和数字为考察标准，幸运的是，英国与荷兰的东印度公司，都留下了丰富的档案材料，以这两家东印度公司为代表，我们可以从订单、报告、公司高层与大班的通信等原始材料入手，探究两家公司对陶瓷贸易的态度和策略异同。

一个值得注意的现象是，尽管英国东印度公司的瓷器贸易量较大，但公司对瓷器贸易似乎并不重视。在每年的订购指示中，很少见到对瓷器的特殊要求，虽然公司也曾在 1710 年制作木样，订制瓷器，但年复一年，公司订购的瓷器多是毫无新意的实用桌器，订购数量甚至常以"吨"来衡量。如 1702 年，公司对悉尼号（Sidney）商船的瓷器订购指示："25—30 吨中国瓷器，普通的品种，碟、盘、碗等。"[17]1705 年，给奥利号（Oley）商船的指示也很相似："中国瓷器，订购 10 吨普通的杯子、餐桌上用的盘子，不要购买其他品种。"[18]1722 年，对 3 艘赴广东贸易商船的指示："800 箱实用的中国瓷器，其中，尽可能多买各种尺寸的碗、碟、盘。"甚至在外销彩瓷质量最为精湛的 18 世纪四五十年代，公司仍然要求大班们购买"实用而便宜"[19]的器皿。1749—1750 年贸易季，商船为公司运回的瓷器只有"实用的品种，彩瓷仅占 1/10 不到"。[20]1774 年，公司从西成行黎颜裕（Exchin）处订购瓷器，这次的彩瓷订单量很大，有 100,000 件，当然，青花更多，计有 187,600 件。令人惊讶的是，这些彩瓷只有两种纹样，青花也仅 4 种纹样[21]，相当简便，都是实用的"大路货"。

英国人更重视的是能带来更高利润的茶叶贸易，他们对瓷器的态度，在 1705 年公司给斯特林格号大班的信中表达得很清楚："我们的中国瓷器存货很多，不过，它们可用来压舱，船在底部必须有相应的分量以确保航行。所以，买 20 吨瓷器，主要买盘、浅盘和其他品种，小碟也可以，它们很容易叠紧。不要买大件器皿，比如罐、高杯、瓷塑，也不要买不够重、不能压舱的瓷器"[22]。即使随着时间的推移，英国订购品种中增加了成套餐具、茶具、汤盆等品种，但仍然少见特殊的器型与订制要求，公司对瓷器的重

视程度似乎也未见提高。1763 年 12 月,竞争对手荷兰东印度公司的大班在报告中这样评价英国的瓷器贸易:"关于运送瓷器,英国东印度公司的要求是越少越好,所以他们装瓷器用的箱子,高度不超过 12 dium。对他们来说,瓷器不过是压舱石和茶叶之间的垫舱层。至少,大班们对这种货品是很不重视的。"[23] 英国公司管理协会与船长的通信也印证了对手的观察。1669—1770 年,庞斯伯恩号商船接到询问:"你和你的职员有多少瓷器?你还需要多少作垫舱用?"船长回复:"我不知道需要多少瓷器垫舱,如果你们愿意交下公司瓷器 70 箱,我相信我和我的职员可以做妥余下的工作。"[24]

英国东印度公司的订购指令、订单以及来自竞争对手的评价,显示出他们对瓷器贸易并不太在意,他们强调实用,订购品种也相对单调。这是英国东印度公司瓷器贸易的另一侧面,在外销瓷器型与纹样层出不穷、极

图 1　"伞下的仕女"纹样设计稿

[荷]考奈利·普朗克(Cornelis Pronk,1691—1759)

1734 年

为丰富的 18 世纪，这多少有些让人意外。当然，英国拥有大量特殊订制的精彩纹章瓷，但是，这些器物并不是通过公司渠道订购的，关于这一点，笔者将在下文详述。

与英国相比，荷兰东印度公司对瓷器贸易显然更为重视。荷兰东印度公司的档案保存状况良好，大量 18 世纪的订购指示被保存下来，在这些指示中，常有对瓷器式样和纹样的具体要求，提供各类样品和画稿的例子也屡见不鲜。

1733 年，尼鸟利特号就带着一箱共 30 件样品来到广东贸易。样品中有各式长颈瓶、象腿瓶、方瓶、八角盘、奶壶、茶壶、茶叶罐、唾壶、杯碟、盘碗，有镂空的茶杯，也有法国餐盘，还包括一件公司 VOC 纹章盘。公司要求按照这箱样品购买瓷器，比如"要订四套 VOC 餐具，每套可供 24 人用餐"。[25]

18 世纪 30 年代，公司还聘请了考奈利·普朗克（Cornelis Pronk）为中国瓷器设计纹样，这些纹样非常著名，包括"伞下的仕女"（图 1）、"东方三博士"等，可惜这些纹样的瓷器订制成本太高，并无盈利。1739 年，公司决定停止订购这类瓷器。[26]

实用的桌器固然是公司订购的常规产品，但荷兰东印度公司的要求显然更高。1750 年 9 月，公司这样要求："本次送出了许多瓷器的画稿复

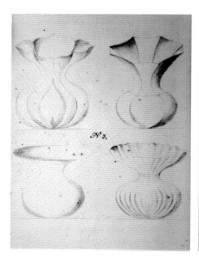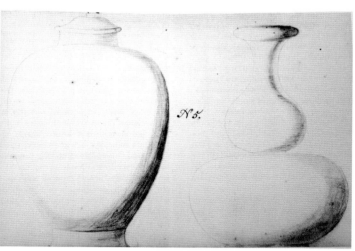

图 2、3　1758 年荷兰东印度公司订制瓷器画样

本，请按照样稿订购。如果订不到样稿中的器型和尺寸，要为下一年预先订购，今年购买不足的空缺部分，就用普通的餐盘、碗、茶和咖啡杯碟填

图 4　贝壳造型盘、壶
荷兰海牙市立博物馆藏

补。"[27]1751 年，13 幅画样和 20 件样品被送达广州，其中有草莓果盘、鱼盘等。1754 年，公司有 73 幅画样送出。这些画样大多已经流散，幸运的是，1758 年的画样被保留了下来（图 2、3），我们可以从中一窥荷兰东印度公司的订购要求。画样的器型相当丰富，花瓶的形制尤为复杂。[28]

1760 年以后，荷兰人订购的品种更加丰富，每年可以达到150—170 种，有些器型较为特别。一个典型的例子是 1762 年公司订单中的"50 套釉上彩绘的壶和盘，壶的形状依据样稿，盘制成贝壳形，底下要有三足，以便放置平稳"。[29]荷兰海牙市立博物馆收藏了一套这样的器型（图 4），非常精致复杂，制作难度很高。这样丰富多变的器型，同英国订购品种的单调形成了巨大的反差。1767 年，公司订购要求中包括 167 件样品，其中特别提到英国陶器对瓷器销售的冲击，为此，公司送出了 5 件英国陶器的样品：1 个委角的色拉碗、1 把茶壶、1 个奶壶、1 个唾壶和 1 个带托盘的黄油碟。[30]

1783 年，荷兰东印度公司派有陶瓷制作经验的威廉·特罗斯（Willem Tros）去广东。公司向广东大班们推荐："他曾在 Loosdrecht 瓷厂服务，父母是体面人。他懂陶瓷，最重要的是，他懂瓷器的式样，也知道什么最时兴。如果你觉得可以好好利用他的特长为公司服务，可以让他在办公室做簿记员，付给他每月 60 荷兰盾的工资。"[31]1784 年，威廉·特罗斯到广州以后，很快显露了他的才华，他设计（也许参与绘制）了一系列的纹样，产品很受欢迎，公司委员会立刻给了他升职奖励。公司高层们还提出要"带去一些花卉和其他印刷画，这样特罗斯就可以在贸易淡季设计新纹样了"。特罗斯在广州居住了 9 年，这是少见的欧洲工匠在广州参与外销瓷设计制作的例子。

尽管荷兰东印度公司对瓷器的收购价格相当敏感，普通桌器和便宜的器皿也是公司的例行订购商品，但是，从上述订制要求和做法来看，英、荷两国对瓷器贸易的重视程度显然不同。荷兰明显高于英国，在 18 世纪引入了不少新器型，这是以往仅关注贸易量、并断言 18 世纪荷兰陶瓷贸易已经衰落的学者不曾注意的问题。

三、竞争图景：以荷兰、瑞典为例

18 世纪的中欧陶瓷贸易，参与者不少，而瓷器销售也并不局限于本国，这必然带来各国东印度公司之间的竞争。荷兰与瑞典的竞争就是典型的例子，能够展现当时各国东印度公司间的竞争图景。

如前所述，在瓷器贸易方面，荷兰人对英国并不以为意，但他们却很在意瑞典商人。荷、瑞之间的竞争首先表现在对购买时机的争抢和价格方面。18 世纪五六十年代，荷兰商船到达广州后，大班们首先购买瓷器，这些放置在底层的货品要首先装船，荷兰人要抢在瑞典人到达之前完成采购，因为一旦瑞典商人到达，商铺就会涨价 25% 甚至更多。对于品质优良的瓷器，瑞典人愿意付出更高的价格，同时，他们的到来也会改变供求关系，使价格上涨。1763 年以后，大班们又可以在贸易季过后居留，荷兰人便将部分瓷器的购买留到贸易季之后，因为没有瑞典与丹麦的竞争，店主们会给出更低折扣。[32]

荷、瑞之间的竞争当然远不止于此，也许是瑞典人愿意出高价的缘故，他们购回的器物销路不错，荷兰人对此十分恼火。1761 年，荷兰东印度公司高层给大班的信件便透露出这样的信息，他们指出，瑞典人在广东购买了销

图 5　[荷]克里斯琴·普雷希特（Christian Precht，1706—1779）为瑞典东印度公
　　　司设计的瓷器纹样

图 6　哥德堡号出水的"伞下的仕女"残片

路很好的餐具，获利颇丰，因而指责大班，没有为公司购买同样的器皿。[33]1777年，公司高层再次坦言："我们很沮丧，我们的对手，尤其是瑞典公司，他们每年购买的器物都比我们购买的受欢迎。"为此，公司送出了一批样品，要求大班订购"果篮纹样""摘樱桃的人"和其他欧洲式样的纹样[34]，希望能够击败对手。1784年，该公司甚至送出了瑞典在广东购买的茶具和餐具样品，要求大班们依样购买。[35]更典型的例子来自荷兰人的购买指示。设计师克里斯琴·普雷希特（Christian Precht, 1706—1779）曾经为瑞典东印度公司设计了一套瓷器纹样（图5），相当精美。瑞典商人据此订制的器皿效果不错，以至于1758年，荷印公司高层在订购瓷器的指示中，造出了一套同样的纹样，要求大班们照样订制。[36]这样的做法似乎有些令人惊讶，竞争的激烈程度由此可见一斑。

由于瑞典东印度公司曾有每隔三年审计后销毁账册的规定，其贸易记录保存不完整，我们很难确知瑞典公司对此事的反应，但是历史为我们留下了更加耐人寻味的材料。1745年，瑞典东印度公司的哥德堡号在即将抵达瑞典港口时沉没，货品随之沉入海底。1986—1992年，瑞典对沉船进行了打捞，出水的瓷器中，我们意外发现了绘有"伞下的仕女"纹样的瓷片（图6），而这个纹样，正是考奈利·普朗克为荷兰东印度公司设计的瓷器纹样。

四、公司贸易与私人贸易

18世纪的中欧陶瓷贸易内涵相当丰富，不仅有不同国家间的参与和竞争，还有公司贸易同私人贸易之间的竞争与平衡，这个层面的重要性同样不可低估。

18世纪的外销瓷，最有特色的恐怕就是那些带有独特印记的纹章瓷以及各种制作精美、绘有西方纹饰的器物了，它们被称作"订制瓷"。博物馆收藏的外销瓷多是此类器物，它们构成了我们对这一时期中国外销瓷器的印象。

但是，在公司的订单中，我们却很少发现这样的器物。英国东印度公司的记录中，很难找到公司订制纹章瓷或者特殊纹样的记录，如前所述，公司订购的主要是普通产品。荷兰东印度公司虽然订制过VOC标志瓷器，使用过普朗克和普雷希特设计的纹样，也在某些年份订购过"摘樱桃的人"等绘有西方纹样的器皿，但仅限于少数时间，数量也并不太多。

正如18世纪的沉船材料所展现的那样，东印度公司订购的产品，多数都是普通桌器。无论是1745年沉没的瑞典哥德堡号商船、1752年沉没的荷兰哥德迈尔森号，还是 1761 年英国格里芬号，船载瓷器都以青花为主，器型纹样多为大规模生产、供日常使用的形式，[37] 彩瓷中的多数产品，也同样如此。作为日用器皿，这些产品运抵欧洲之后，在使用中被逐渐消磨，很少能够进入博物馆。但欧洲的相关考古发掘验证了它们的大量存在。比如在瑞典斯德哥尔摩的考古发掘，英国勃兰登堡宅（Brandenburgh House，Hammersmith）、美国广场（America Square）等地出土的 18 世纪瓷片（图 7、图 8）中，[38] 都可以找到这样的中国瓷器。这些器物代表

图 7、8　伦敦美国广场出土的青花瓷片

了 18 世纪东印度公司进口瓷器的主流面貌。

而那些如今在博物馆展示的精细"订制瓷",当时大多是通过"私人贸易"渠道进入欧洲。私人贸易是来华的东印度公司职员个人进行的贸易。东印度公司支付给船长和大班的薪水并不太高,与这项要求极高、颇具危险性的工作并不相称。但是,公司提供一定比例的"优惠吨位",允许职员私下贸易,吨位多寡依职位而定,这就吸引了许多能力卓越的员工为其服务。

早在 17 世纪初,私人贸易就已经存在,而私人贸易的瓷器,一般都是高质量的货品。1609 年,荷兰东印度公司致信派驻东印度总督,要求限制私人贸易,因为"我们的代理人常常违反他们在出发前的承诺,最好、质量最上乘的瓷器总是被他们以个人名义购买"。[39]18 世纪,私人贸易更固定和有序地进行,职员以个人名义购买的瓷器,质量明显优于公司货品。1790 年,伦敦总部在给大班的信中提起:"如果你相信,私人贸易瓷器在整体上不如公司的货品,那你就显得相当无知了,因为众所周知,事实正好相反……我们知道这些,是因为有实际的比较,两个渠道的货品都通过我们销售,即使不用别的判断方法,它们在售价上的区别就足以说明问题了。"[40]

那些带有精致西方纹饰的"订制瓷",不是大规模量产的商品,因此成本必然较高。1779 年,荷兰大班的信件充分说明了两者之间的价差:"那些西式的图案或人物,价格是中式的两倍。如果用的金彩多,则更昂贵……图案的差别极大,一个普通的彩绘潘趣碗售价白银三两三钱,而同样口径绘十三行图案的,则要贵上十倍,绘黄埔图案(港口西洋海船)则贵八倍。这样的瓷器是稀罕货色,通常由私人购买,他们会买来作礼物,这可不是二三两银子的事。"[41]的确,部分器物是职员为亲友购置的礼物,一件绘有帆船海港图案的潘趣碗上有这样的文字:"来自船长的礼物,带着感激和敬意献给罗德尼大人,感谢您的美德与帮助",但也有许多瓷器通过拍卖出售,获取利润。由于私人贸易的舱位有限,职员们必然选择高货值的物品,以获取更高的回报,[42]因此,他们自然倾向于购买那些精致的"订制瓷",而非普通的日用品。

另一个值得注意的因素是船长和大班们的身份。根据大卫·霍华德(David Howard)的研究,英国东印度公司的船长和大班,绝大多数来自拥有纹章的贵族家庭,以他们的经济实力和审美品位,会更倾向于购买精美的订制货品。同时,贵族出身也意味着他们的亲友圈有许多订制纹章瓷的需要。英国的纹章瓷数量很多,不少纹章瓷,尤其是 18 世纪 50 年代之前的作品,可以同东印度公司的职员产生联系。为亲友订制、作为礼物的纹章瓷通常在支付关税和相关费用后，就可以取走，但在某些情况下，公司会要求这些瓷器也参加公司的拍卖。1731 年 11 月，公司就要求"那些用作礼物的纹章瓷与白瓷，需要在周二作为第 23 项拍卖"，[43] 这可能是为了防止职员走私，因此，大班或船长等高级职员的名字，有时会出现在拍卖中，拍下自己的物品。[44] 当然，商业订制的纹章瓷及其他订制瓷也为数众多，研究者早已指出，这些瓷器是通过瓷器商人（chinaman）订购的，有部分从事东方商品交易的商人，他们的儿子或者学徒就在东印度公司服务。[45] 一封来自过世船长遗孀的信件也可以作为佐证，她要求公司将船长的瓷器送至亨利·托姆斯（Henry Tombes）处，而他正是伦敦最重要的瓷器商人[46]，职员与瓷商之间的联系，可见一斑。

在极少数情况下，公司也会参照私人贸易购买。1778 年，荷兰东印度公司曾要求大班购买"通常是为私人订购的三种纹样：广东港口（绘有海船）、茶叶装箱和瓷器制作"，[47] 但这样的情况极其罕见，很快也没有了后续订单。对公司而言，订购这样的瓷器过程繁琐，需要耗费的时间和人力很多，不如将其下放给职员更为经济。

18 世纪的中欧陶瓷贸易参与者众多，秉持不同策略，国家、公司之间，公司与私人之间，有着不同程度的竞争与平衡，共同将贸易在深度与广度上推至极盛。18 世纪后期，随着欧洲市场的饱和与本土陶瓷的兴起，中欧之间的陶瓷贸易渐趋衰弱。但在太平洋的另一端，美洲市场日益兴盛，一个新的贸易时代又将开启。

〔1〕 1677—1699年间，有15艘英国东印度公司商船至厦门贸易，参见：马士.东印度公司对华贸易编年史（1—2卷）[M].广州：中山大学出版社，1991：309—310.

〔2〕 马士.东印度公司对华贸易编年史（1—2卷）[M].广州：中山大学出版社，1991：108、141.

〔3〕 Geoffery A. Godden, *Oriental Export Market Porcelain*, Granada, 1979, p.42.

〔4〕 马士.东印度公司对华贸易编年史（1—2卷）[M].广州：中山大学出版社，1991：178、228、254、283、296、432、449—451.

〔5〕 马士.东印度公司对华贸易编年史（1—2卷）[M].广州：:中山大学出版社，1991：542、568、614.

〔6〕 马士.东印度公司对华贸易编年史（1—2卷）[M].广州：中山大学出版社，1991：416.

〔7〕 Geoffery A. Godden , *Oriental Export Market Porcelain*, p.48.

〔8〕 C. J. A. Jörg, *Porcelain and the Dutch China trade*, M. Nijhoff, 1982, p.149. 两项数据皆根据装拆箱清单统计，因此颇具可比性。

〔9〕 购买金额在18世纪70年代反而有所上升，这可能与18世纪70年代瓷器价格的上涨有关，但即使考虑这一因素，其贸易量仍然可观。

〔10〕 Jan Wirgin, *Chinese Trade Ceramics for the Swedish Market, International Symposium on Ancient Chinese Trade Ceramics: Collected Papers*, National Museum of History, 1994, p.36.

〔11〕 马士.东印度公司对华贸易编年史（4—5卷）[M].广州：中山大学出版社，1991：618—619.

〔12〕 Michel Beurdeley, *Chinese Trade Porcelain*, Charles Tuttle,1962, p.p.101-102.

〔13〕 同注12。

〔14〕 Geoffery A. Godden , *Oriental Export Market Porcelain*, p.28.

〔15〕 Michel Beurdeley, *Chinese Trade Porcelain*, pp.127-128.

〔16〕 数据来自《东印度公司对华贸易编年史》，第1—2卷第228、283页，第4—5卷第538—540、578—579、598、618—619页，第1—2卷第521—522页。

〔17〕 同注14。

〔18〕 同前注，p.69。

〔19〕 同前注，p.28。

〔20〕 同前注，p.15。

〔21〕 同前注，pp.43—45。

〔22〕 同前注，p.69。

〔23〕 C. J. A. Jörg, *Porcelain and the Dutch China trade*, M. Nijhoff, 1982, p.125. 另，1dium约等于2.5厘米。

〔24〕 马士.东印度公司对华贸易编年史（4—5卷）[M].广州：中山大学出版

社，1991：568.

〔25〕 C. J. A. Jörg, *Porcelain and the Dutch China trade*, p.95.

〔26〕 同前注, p.98。

〔27〕 同前注, p.102。

〔28〕 同前注, p.107。

〔29〕 Christiaan Jörg, *Oriental Porcelain in the Netherlands*: *Four Museum collections*, 2003,p.26.

〔30〕 C. J. A. Jörg, *Porcelain and the Dutch China trade*, p .107.

〔31〕 同前注, p.111。

〔32〕 同前注, p.116。

〔33〕 同前注, p.116。

〔34〕 同前注, p.108。

〔35〕 同前注, p.111。

〔36〕 同前注, p.103。

〔37〕 Berit Wästfelt, Bo Gyllensvärd, Jörgen Weibull, *Porcelain from the East Indiaman Götheborg, Wiken, 1991;* C. J. A. Jörg, *Geldermalsen: History and Porcelain*, Kemper Pub., 1986; Franck Goddio, Evelyn Jay, *Griffin: On the Route of an Indiaman*, Periplus Publishing London, 2002.

〔38〕 Jessica Harrison-Hall, *Chinese Ceramics: UK Sherd Resources and Archaeological Finds*, presentation at Fudan University, 2011.

〔39〕 Geoffery A. Godden, *Oriental Export Market Porcelain*, p.56.

〔40〕 David S. Howard, *The Choice of the Private Trader : the private market in Chinese export procelain illustrated from the Hodroff collection*, London: Zwemmer, 1994, p.10.

〔41〕 C. J. A. Jörg, *Porcelain and the Dutch China trade*, p .128.

〔42〕 私人贸易中的茶叶贸易也能说明这样的问题。公司购买的茶叶，有武夷茶、贡熙茶等区别，其中，贡熙茶的价格最贵。而私人贸易购买的茶叶，几乎全部都是贡熙茶。见马士所著《东印度公司对华贸易编年史》中相关数据。

〔43〕 Geoffery A. Godden , *Oriental Export Market Porcelain*, p.76.

〔44〕 同前注， p.67.

〔45〕 David S. Howard, *The Choice of the Private Trader : the private market in Chinese export procelain illustrated from the Hodroff collection*, London: Zwemmer, 1994, p.33.

〔46〕 Geoffery A. Godden , *Oriental Export Market Porcelain*, p.66.

〔47〕 C. J. A. Jörg, *Porcelain and the Dutch China trade*, p .108.

中国陶瓷在西方

17—18 世纪荷兰与中国的视觉和物质文化交流

王静灵

荷兰国立博物馆

一、新地岛（Novaya Zemlya）的冬天

荷兰原来是西班牙王国的属地，于1568年脱离西班牙的统治。1580年，西班牙国王兼摄葡萄牙国王，隔年欧洲各国承认荷兰独立。荷兰和西班牙之间的关系急剧恶化，而这场独立战争从1568年开打，持续了80年，史称"八十年战争"。[1]1594年，西班牙国王禁止荷兰人在里斯本进行贸易，在此不得已的情况之下，为了寻求出路，荷兰人只好开始自行从事对东方的商业和贸易活动。

1596年10月12日，威廉·巴伦德兹（Willem Barendsz）、马丁·凡·汉斯柯尔克（Maarten van Heemskerck）和他们的船员们怀抱着梦想，向北航行，试图借由通过北冰洋这条新航道，避开往南航道上西班牙和葡萄牙的船舰，航行到中国。他们带着最新出版的由西班牙传教士胡安·冈萨雷斯·德·门多萨（Juan González de Mendoza, 1545—1618）于1585年所著的《大中华帝国志》（D'Historie ofteBeschryvinghe van hetgrooteRijck van China）的荷兰语译本（该书是当时欧洲对于中国最详尽全面的介绍，虽然作者本人从未踏上中国的土地），准备在航行的时间里仔细地阅读，借此了解中国那个遥远又令人向往和憧憬的国家的风土和历史。[2] 他们心里所想的，不过是希望到中国好好地做一场生意，为此他们还准备了数以千计的铜版画（图1），希望它们会在中国销售一空，并从中国带回各式在欧洲千金难求的奢侈品，如丝绸、瓷器等等，回国再大赚一笔。然而，这个美梦，很快就泡汤了！[3]

图 1　提图斯 · 曼利乌斯 · 托尔卡图斯

[荷] 亨德里克 · 霍尔奇尼斯（Hendrick Goltzius，1558—1617）

铜版画 / 约 1590 年

新地岛遗址出土

荷兰国立博物馆藏

　　他们的航程并不如预期，在出发后不久，极圈的冬天很快便来临了，他们的船被困在临近俄罗斯北海岸的新地岛（Novaya Zemlya）附近的冰层中。于是他们决定上岸并建造了一座小屋避寒。对他们来说，岛上的冬天绝对是此生最漫长的一个冬天，不但气候严峻，还有粮食短缺的问题。除此之外，他们还得面对北极熊等野兽的攻击。1597 年春末，幸存者决定冒险以两艘小型单桅帆船返航回到文明之地。历尽千辛万苦，

图 2　作为世界贸易中心的阿姆斯特丹
[荷] 彼得·以萨克（Pieter Isaacsz，1569—1625）
约 1604—1607
荷兰国立博物馆藏

他们终于在 1597 年 11 月 1 日抵达阿姆斯特丹。回到阿姆斯特丹以后，他们受到了英雄式的欢迎，他们的探险故事被编辑出版，惊险无比的勇敢事迹附上铜版画插图，一时成为欧洲的畅销书而被万人传诵。他们在新地岛上建造的避冬小屋和遗留下来的物件，在 19 世纪末被发现，一件一件都见证着他们勇敢追寻梦想冒险犯难的故事。[4]

巴伦德兹一行人虽然无功而返，但也是在这一年，即 1596 年，荷兰商船首次绕道好望角至苏门答腊与爪哇。1602 年荷兰东印度公司（Vereenigde Oost-Indische Compagnie，简称 VOC）正式组织成立，该公司由政府赋予发动战争、订立条约、占据领地、建筑堡垒的全权，以严密的组织和火力强大的舰队，在南洋各地开始大规模的商业活动，随即驱逐原先在此地的葡萄牙人，1619 年在爪哇的咖留巴（Calappa）设置巴达维亚府作为其在南洋经营东方商业和殖民事业的根据地。很快地，荷兰人便迎来海外贸易的全盛时期。茶叶、丝绸、香料、瓷器等，这些琳琅满目的"异国奇珍"对于欧洲人来说更是"前所未见"的奢侈品，它们不但迅速地成为贵族和中产阶级所追逐的"时尚"，更改变了欧洲人的生活，阿姆斯特丹一跃成为世界贸易的中心，历史上称此时期为"黄金时代"（de GoudenEeuw）！[5]

画家彼得·以萨克（Pieter Isaacsz, 1569—1625）于约 1604—1607 年间的作品《作为世界贸易中心的阿姆斯特丹》（图 2）绘在一台大键琴的琴盖上，画家笔下拟人化如女神一般形象的阿姆斯特丹坐在饰有着华盖的宝座上，两位小天使手捧着阿姆斯特丹的市徽；在她的脚下躺着河神，身旁站着海神，后方的中景停泊着荷兰的商船，远景是亚洲大陆，商船扬帆渺渺；她的左手伸向地球仪，眼光望着东方的风景，风景中有着充满异国情调的棕榈树、亚洲的石造神龛、大象、木造结构的建筑，还有行旅中的荷兰商人队伍。画中的方尖碑是东方的象征，方尖碑旁躺着一块石碑，其上书写着铭文：

"你能不能想象，因为上帝的照拂，首先向我开辟了通往非洲人和印第安人的道路，并向我展示了域外的中国，一个甚至连古人都无所知的、世界中的世界？和上帝的祝福一起前行并带给这些（民族）基督的知识吧！"

以萨克笔下拟人化的阿姆斯特丹揭开了"黄金时代"的序幕。

二、荷使出行

以巴达维亚作为根据地，虽然常常有往来的中国商船载来货物，在此地的市集上亦有中国商人穿梭其间，但荷兰商人心中最向往的还是能够直接与中国通商。明天启三年（1623），荷兰曾遣使者范·密尔德（Van Milaert）首度至福建要求通商，未得要领而返。

1664 年明朝灭亡之后，清朝政府终于允许西方使节前往北京，顺治十年（1653），巴达维亚府遣薛德（Frederic Schedel）到广东乞市，由平南王尚可喜（1604—1676）转奏清廷愿备外藩修职贡，得旨允行。顺治十三年（1656），由德·侯叶尔（Pieter de Goyer）和凯塞尔（Jacob Keyzer）所率领的荷兰使团抵达北京，依朝贡国例，请求互市。荷兰使团欲议五年一贡，但清朝政府却只准其八年一贡，而且来往的员役不得超过百人，令 20 人到京，且所有携带的货物只能在馆交易，不得于广东私自货卖。对此虽然清廷认为已经十分宽待，但这条件与荷兰人心中所想，可说差距十万八千里。由于此次荷兰自居藩属，始获得与中国通商的权利，

图3 中国庙宇和塔

[荷]约翰·尼霍夫（Joan Nieubhof，1618—1671）

素描/1655—1657

荷兰国立博物馆藏

但中国政府只准其八年一贡的答复使荷使大失所望，败兴而归。

值得注意的是此次随行出使的使团中有一位经由阿姆斯特丹市长所推荐而加入的成员约翰·尼霍夫（Joan Nieuhof, 1618—1671），他的任务是伴随着使团将沿途所有城镇、乡村、殿堂、河川，坚固或奇特的建筑，按其面貌如实描绘下来。在此次旅途中，荷兰人印象最深刻的就是南京的报恩寺琉璃塔，对于从未见过如此建筑形式的欧洲人来说，简直就是大开眼界。他们形容这是一座完全由"瓷器"建造的"奇迹"，在欧洲千金难求的瓷器，竟然被用来搭盖建筑，实在匪夷所思，若非亲眼所见，更是无法想象，而报恩寺塔的形象也被约翰·尼霍夫描绘下来（图3）。[6]

后来他的旅行笔记经由他的兄弟亨德利克·尼霍夫（H. Nieuhof）编辑整理，于1665年在阿姆斯特丹出版，书名为《荷兰东印度公司的使团晋谒当时的中国皇帝鞑靼大汗》（*Het Gezandtschap der Neêrlandtsche Oost-Indische Compagnie, aan den grooten Tartarischen Cham, den tegenwoordigen Keizer van China*）。此书出版不久后，便有拉丁文、德文、法文和英文译

本的发行，是西方世界第一部配有作者实地制作插图介绍中国的旅记，[①]
给欧洲读者带来深刻的印象。特别是报恩寺塔的形象，更因为此书的流
行，俨然成为中国的象征符号，并在欧洲的"中国风"（Chinoiserie）的
艺术表现形式里，成为一个不可或缺的元素。例如17世纪末荷兰代尔夫
特（Delft）窑厂烧造的瓷版画上的图像即是撷取此书中的插图重新构图而
成，其远景处便点缀有一座中国宝塔（图4）；而当地烧造用来插花的特
殊器型，宛如金字塔般的"郁金香瓶"，其造型亦极有可能是受到中国塔
式建筑的启发（图5）。[7]

　　1662年，荷兰向清廷乞市，清廷准其两年一贡。但这样的待遇很快
就被取消，康熙五年（1666）清廷谕止其两年一贡。就是在这样的背景之下，
荷兰东印度公司又派出了另一个使团，前往中国斡旋，希望借由博特率领
荷兰水师有功的理由，向中国请求自由贸易。这个使团由出身于阿姆斯特
丹世家大族的彼得·凡·候尔恩（Pieter van Hoorn）所率领。他们浩浩荡荡，
抵达福州，历经长达近6个月的跋涉，途中经过了"37座城市，335个村
庄以及34座高塔"之后终于进入了北京城，晋见了中国皇帝，并呈献了
许多豪华昂贵的礼物，而此次荷使入京亦被清代宫廷画家描绘下来，留下
了图像记录（图6）。[8]但这次耗资巨大的朝贡之行却一无所获。尽管使
团进贡了无数的礼品，宣扬博特以及荷兰水师的功绩，中国的港口仍然将
荷兰的船只拒于门外。[9]这次的使节团中同样也有随行的画家彼得·凡·多
尼克（Pieter van Doornik，1795—1855），他在此次的旅行中共画了22张
速写。

　　值得一提的是，荷兰1656、1666年这两次往中国的北京之旅虽然都空
手而回，但是他们沿途所收集的有关中国生活的材料和记录，都对当时的荷
兰甚至全欧洲对中国的印象产生巨大的影响，掀起了欧洲的"中国风"浪潮。

　　除了约翰·尼霍夫的《荷兰东印度公司派使团晋谒当时的中国皇帝
鞑靼大汗》外，凡·候尔恩出使中国期间，对中国的儒家学说印象深刻，
回国后将中国儒家的格言改写成韵诗，并于1675年以《仁、义、礼、
智、信之实质》（Eenige Voorname eygenschappen van de waren Deugdt,
Voorsichticheydt, Wijsheydt en Volmaecktheydt）为书名结集出版，是荷兰第
一部有关儒家思想的著作。[10]

　　此时的荷兰出版了大量有关中国的著作，包括冯得尔（Vondel，

---

① 本书也被译作《荷兰东印度公司派遣使节谒见鞑达鞑旦、中国皇帝》、《荷兰印度
公司使团觐见鞑达鞑旦可汗（清顺治皇帝）纪实》，中文版一般译作《荷使初访中国记》。

图 4 "中国风"陶版画
代尔夫特窑
约 1680 年
荷兰国立博物馆藏

图 5 郁金香瓶
代尔夫特"金属壶"窑
约 1692—1700
荷兰国立博物馆藏

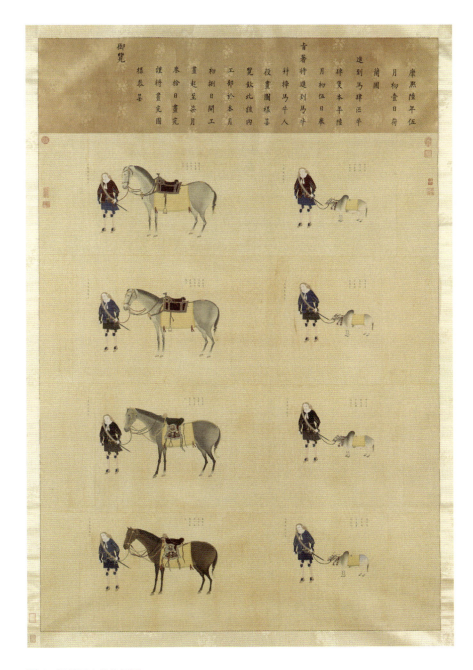

图 6 贺兰国人役牛马图

绢本设色

清代宫廷画像

1667 年

中国台北"故宫博物院"藏

1587—1679）1667 年出版的诗集《崇祯和中国皇朝的末日》（*Zunchin of ondergang der Sineesche heerschappij*）。明朝的陷落对于欧洲人来说是一件极其震撼的事情，此历史事件更被改编成为戏剧，卡斯伯·劳肯（Casper Luyken）于 1701 年镌刻的铜版画即是为戏剧所作的插图，极为生动地，甚至过于夸大地描写了崇祯皇帝自缢的戏剧性场面（图 7）。还有凡·德·胡斯（Johannes Antonides van der Gose）的悲剧《被袭击的中国》（*Trazil, of overrompelt China*, 1685），以及欧菲特·达柏（Olfert Dapper, 1636–1689）所著的《荷兰东印度公司在大清帝国海岸及内地值得回忆的活动》（*Gedenkwaerdig bedryf der Nederlandsche Oost-Indische Maetschappye, op de kuste en in het Keizerrijk van Taising of Sina*，1670）等等。[11]

图 7　崇祯皇帝自缢
［荷］卡斯伯·劳肯（Casper Luyken，1672—1708）
铜版画 /1701 年
荷兰国立博物馆藏

三、魅惑的中国瓷器与"荷兰'瓷'器"的诞生

在文化接受中，最显而易见的就是物质文化。在全球海外贸易中最耀眼的商品，莫过于中国的瓷器。这项被视为是"珍宝"的物质，过去一向被欧洲人视为一种来自东方的玄秘神奇之物而被珍藏。拥有精美的中国瓷器，往往是当时欧洲人身份、地位、财富的象征。

1613 年，一艘荷兰东印度公司的商船"白狮号"（Witte Leeuw）满载着中国瓷器，在返回荷兰的途中遭受葡萄牙船舰攻击后，于非洲西南岸的圣赫勒拿港（Sint Helena）附近沉没。该船于 1976 年被打捞出水，成

图 8　壁炉瓷器陈列
　　　约 1700—1705
　　　荷兰国立博物馆藏

千上万的瓷器破片，一片片拼凑着荷兰人"黄金时代"的"中国梦"。[12]
原来千金难求的中国瓷器，一下涌进市场，成为众人竞相追逐的奢侈品。
中国瓷器不但走入了静物画中，也走入了新兴的中产阶级的家里。[13] 摆设

图 9　荷兰壁炉瓷器陈列设计稿
［荷］达尼埃尔·马罗（Daniel Marot，1661—1742）
铜版画 /1703 年以后
荷兰国家博物馆藏

和展示中国瓷器，除了作为炫耀财富、地位的手段，更是凸显主人优雅品位的最佳方式。欧洲宫殿里几乎都会有的"瓷器室"（porcelain cabinet）就是从荷兰兴起的（图8），又透过王室姻亲关系将收藏中国瓷器的爱好和建造"瓷器室"的习惯带到其他国家。[14] 至于那些富有的豪商呢？他们在华丽的宅第里也必须好好地展示这些昂贵的中国瓷器，一点不得马虎！建筑室内设计师达尼埃尔·马罗（Daniel Marot, 1661—1742）的瓷器室内陈列设计，不但极其精细华丽，而且是专门为最富有、最时尚的上流社会圈子中的顶级顾客所设计的（图9）。为了适应在荷兰的瓷器室内陈设，还发展出类似中国祭坛上"五供器"，以开口瓶和盖罐交错陈列的五件组特有形式。最先这种组合是选择相似的搭配，最后演变成直接向中国（后来也向日本）订制成套的五件组。尤有甚者，连娃娃屋模型里摆放的中国和日本瓷器，也是特地分别向中国和日本订制的特殊袖珍器皿（图10）。娃娃屋流行于十七十八世纪，是荷兰上层社会贵妇的爱好与收藏。

图10　娃娃屋模型
　　　约 1686—1710
　　　荷兰国立博物馆藏

收藏者通常订制一只柜子，于柜内隔间，再置入各式各样特别订制的微型家具和娃娃。一只制作精良之娃娃屋的造价，在当时足以购买一栋坐落于阿姆斯特丹市中心运河边上的豪宅，因此"麻雀虽小，五脏俱全"的娃娃屋在一定程度上反映了十七十八世纪荷兰上层社会家庭的室内陈设以及居住状态。[15]

在瓷器大量进入欧洲后，亚洲也因应欧洲的需求，接受订制符合欧洲使用习惯的特定器型。例如帽形钵（Klapmuts），因其形似荷兰人所戴之帽而得名，据说其器型是为使欧洲的金属汤匙靠着口缘妥适地被置

图11 "三博士"瓷器设计稿
[荷]考奈利·普朗克
（Cornelis Pronk，1691—1759）
约 1734—1736
荷兰国立博物馆藏

图12 "三博士"纹青花瓷盘
中国，具体窑口不详
约 1740 年
荷兰国立博物馆藏

入碗内；又如柿右卫门窑所烧造的釉上彩花鸟纹四方形盖罐，器型的来源则是欧洲的玻璃器。除此之外欧洲人还希望将自己的国徽、市徽、族徽等纹章装饰在这些眩目的中国陶瓷上。[16]东印度公司甚至聘请设计师考奈利·普朗克为其专门设计中国陶瓷上的装饰；他所设计的样稿被送到巴达维亚，再辗转到广东，最后通过中国陶工的手转化在迷人的中国陶瓷上。除了可能受东亚描绘儒、释、道三教的《三酸图》启发的"三博士"（图11、图12）外，"执伞美人"是他最著名的设计之一。普朗克的设计"执伞美人"甚至被带到日本，反过来影响日本陶瓷，在日本陶工的手下，"执伞美人"成为穿着和服的优雅日本美人。[17]

作为热销商品的中国瓷器，自然是众家窑厂争相仿效的对象。日本在最初接受来自荷兰的瓷器订单时，即被求要仿效中国瓷器的样式。荷兰代尔夫特窑厂原先烧造的是马约利卡（majolica）铅釉陶器，在中国陶瓷进入荷兰市场后，焕然一变转而模仿中国瓷器，当地的陶工在陶器的表面上锡釉，以模仿中国瓷器洁白的颜色，再以钴蓝上彩，惟妙惟肖地仿造中国瓷器；上锡釉的方式虽然来自马约利卡的传统，但是更有可能是受到波斯世界的启发。因为瓷器大量进口，刚运到阿姆斯特丹的瓷器，往往即时就被代尔夫特的陶工仿效。值得一提的是，在1710年左右，德国迈森（Meissen）窑厂发现制瓷配方并首次成功烧造欧洲的瓷器之后，代尔夫特窑厂依然持续烧造锡釉陶器的传统。如今这个被称为"荷兰'瓷'器"（Dutch China）的白地蓝彩类型，以其优雅的蓝色调著称，也被称之为"代尔夫特蓝"（Delft Blue），俨然成为荷兰的代名词！[18]

四、华丽的战争：日本伊万里 vs 中国伊万里

17世纪日本江户幕府时代，在锁国的政策下，长崎成为日本唯一对外贸易的港口。1641年起，荷兰获准在日本进行直接贸易，来日的荷兰商人被安置并生活在长崎港的出岛上。此时中国正值清兵入关，虽然清朝在1644年取得政权，但南方依旧由南明的势力把持，历经战乱，景德镇窑业衰退。后为了牵制郑成功等人的势力，清廷实施海禁。荷兰人于1624年来台，建立热兰遮城以为其对华贸易的转运站，并经常往来福州。1662年，郑成功攻陷热兰遮城驱逐荷兰人，以为其反清复明的根据地。种种历史原因，造成荷兰在海外贸易中取得中国瓷器越发困难，

大约 1650 年，荷兰东印度公司正式停止向中国订购瓷器。

脑筋动得快的荷兰商人转而向日本订购瓷器，进行高风险的私人贸易（private trade）。此时正是日本有田地区窑业方兴未艾之际，当地柿右卫门窑的釉上彩瓷作品，造型细致，设色优雅，其他窑厂烧造的伊万里瓷，因为其色彩艳丽，更是风靡一时，这股风潮迅速地席卷整个欧洲。而在阿姆斯特丹艺术市场上，日本瓷器（特别是柿右卫门瓷器）的价钱更是高出中国瓷器许多！[19] 日本柿右卫门瓷和伊万里瓷在私人贸易获得的成功，很快地便引起东印度公司的跟进。1659 年，东印度公司向日本订制三万件的瓷器，象征着有田窑业正式进入大量外销的时代。[20]

一时之间，在荷兰市场上流通的中国瓷器纷纷被添上柿右卫门样式的纹饰彩绘，借此佯装成名贵的柿右卫门瓷。德国迈森窑厂、英国的窑厂和荷兰当地代尔夫特窑厂也即刻对日本瓷器进行仿烧，纷纷加入市场战局。值得注意的是，当窑业重新复苏后，景德镇也开始生产伊万里样式的瓷器。这项"新品种"，据说是荷兰人于 18 世纪再度向中国订制瓷器之际，要求景德镇窑厂仿烧的，于是促使"中国伊万里"（Chinese Imari）的诞生，与日本瓷器争夺欧洲市场。[21] 伊万里样式以釉下青花为底，在釉上施金彩、红彩等，在视觉上耀眼夺目，绚丽异常。在 18 世纪的欧洲市场上，亚洲的中国瓷器和日本瓷器，因为荷兰商人的"挑拨"，在欧洲大陆上打了一场"华丽的战争"！

五、"中国风"vs"欧洲风"

全球贸易带动交流渐增的背景下，17—18 世纪的欧洲人对亚洲充满着好奇和浓厚的兴趣。亚洲式的场景与风格逐渐成为风尚，在之后被称为"中国风"（Chinoiserie）。虽然被称为"中国风"，但实际上除了中国以外，还包含了来自印度、日本以及东南亚等的泛亚洲元素。[22] 除了上述提到的种种例子之外，被喻为荷兰黄金时代最重要的绘画大师伦勃朗（Rembrandt van Rijn, 1606—1669）更是曾经模仿过印度蒙兀儿帝国第四任皇帝贾汉吉尔（Jahangir, 1569—1627）的细密画肖像，而且这张素描还被画在日本纸上（图 13）。[23] 值得注意的是，这种对"遥远东方的憧憬"并非是一个单向的交流。前述威廉·巴伦德兹等人原先想带到中国贩卖的铜版画，透过全球贸易也辗转被带到了印度，而被印度的细密画家所模仿（图 14）。[24]

图 13　贾汉吉尔肖像

[荷] 伦勃朗 (Rembrandt van Rijn, 1606—1669)

素描 / 约 1656—1658

荷兰国立博物馆藏

图 14　提图斯 · 曼利乌斯 · 托尔 卡图斯

[印] 克苏 · 达斯 (Kesu Da·S，生卒年不详，

活跃于 1570—1602)

细密画 / 约 1590—1595

18.2×10.7 厘米

荷兰国立博物馆藏

　　"中国风"席卷欧洲，回望历史的镜子，当时在亚洲所映现的又是什么样的欧洲镜像呢？荷兰国家博物馆藏的一件画家张汝霖所作的《荷兰人像轴》，画里描绘的就是荷兰人（图 15），根据学者研究，这幅画的图像来源是依据"钟馗画"的图式。[25] 除此之外，还有一件 17 世纪末的《荷兰人狩猎图》款彩屏风，屏风的正面，呈献的便是荷兰商船以及荷兰人狩猎的场景，值得注意的是，屏风上狩猎的荷兰人除了拿着西洋火枪，还使用着各种极为古怪的兵器，令人莞尔，而骑马出行队伍的图式，笔者认为或有可能也是出自"钟馗夜游"或是"中山出游"的图式（图 16）。

　　如此令人莞尔甚至发笑的描绘，其目标观众，显然不是欧洲人！虽然款彩屏风一向被认为是外销的漆器，在西方甚至被称为"柯罗曼多屏

图 15 荷兰人像轴

张汝霖

绢本设色 /1738 年

荷兰国立博物馆藏

图 16　荷兰人狩猎图款彩屏风

[荷]伦勃朗（Rembrandt van Rijn,
1606—1669）

约 1685—1700

荷兰国立博物馆藏

图 17　荷兰人像砚屏
约 1750 年
荷兰国立博物馆藏

风"（Coromandel screen，柯罗曼多是印度北部的港口，据说这类屏风被带到这里装载运往欧洲，因而得名）。但值得注意的是，这件作品是于 20 世纪 50 年代从中国购买的，因此不难想象这些描绘着古怪欧洲人的图像，中国人肯定也会因为好奇而感到有兴趣吧！不仅是市井、好事者，文人可能也对欧洲人的样貌感到好奇，这一点从一面装饰着一对荷兰男女的砚屏，或许可证，作为文房用具的砚屏也追求着"异国情调"（图 17）。

　　不可否认，虽然某些有着荷兰人造型的器物，确实是为了欧洲市场而专门订制的，但若从此角度来看，过往将外销瓷中所有具有欧洲人造型的作品，例如将福建德化窑生产的"荷兰人塑像"，视作纯为外销（特别是欧洲市场）之论点，或许有重新修正的必要。就如同十七十八世纪的欧洲对于亚洲有着憧憬和向往，十七十八世纪的亚洲对于欧洲，应该一样也怀抱着好奇和想象吧！[26]

　　种种例子显示，十七十八世纪的中国也盛行"欧洲风"。面对历史，在大航海的时代，通过海外贸易，文化的交流和相互的影响已然频繁；而在全球化的今天，文化的交流和相互影响，更借由网络科技以一种无声无息且不易被察觉但却更迅速、广泛的方式，无时无刻不渗透在我们的日常生活之中。

〔1〕 有关八十年战争，参见：Gijs van der Ham et al, *80 jaaroorlog. De geboorte van Nederland*, Amsterdam: Rijksmuseum, 2018。

〔2〕 参见：侯怡利、黄兰茵、叶雅婷、等著，余佩瑾编.亚洲探险记：17世纪东西交流传奇[M].台北：台北"故宫博物院"，2019：36—37.

〔3〕 同上注，38—39.

〔4〕 有关此次航行的历史以及考古出土文物，参见：Jan de Hond, Tristan Mostert, *Novaya Zemlya* , Amsterdam: Rijksmuseum, 2013。

〔5〕 有关荷兰对亚洲贸易，参见：KeesZandvliet, *De nederlandse ontmoeting met Azië 1600-1950*, Amsterdam: Rijksmuseum ,2003; Jan van Campen, EbeltjeHartkamp-Jonxis, *Asian Splendour: Company Art in the Rijksmuseum*,Amsterdam: Rijksmuseum, 2011; Karina H. Corrigan, Jan van Campen, FemkeDiercks, Janet C. Blyberg ed., *Asia in Amsterdam: The Culture of Luxury in the Golden Age*,Amsterdam: Rijksmuseum, 2015；有关东印度公司，参见：Femme S. Gaastra, *The Dutch East India Company:Expansion and Decline* , Zutphen: Walburg Pres, 2003。

〔6〕 有关尼霍夫素描与铜版画及其所造成的影响，参见：FriederikeUlrichs, *Johan Nieuhofs Blick auf China (1655-1657) : die Kuperstiche in seinem Chinabuch und ihre Wirkung auf den Verleger Jacob van Meurs* , Wiesbaden: Harrassowitz, 2003; Sun Jin, "Joan Nieuhof's Drawing of a Chinese Temple in the Rijksmuseum", *The Rijksmuseum Bulletin 63*,2015,p.401-407。

〔7〕 Frits Scholten, *Delft 'Tulip Vases'*,Amsterdam: Rijksmuseum ,2013.

〔8〕 王静灵.图像证史——《贺兰国人役牛马图》琐谈[J]."故宫文物月刊"，2011（336）：88—99. Ching-Ling Wang, "*De Nederlandse ambassade naar het hof van Keizer Kangxi in 2667*," in Thijs Weststeijn, Menno Jonker eds., *Barbaren&Wijsgeren: Het beeld van China in de GoudenEeuw* , Haarlem: Vantilt& Frans Hals Museum, 2017, pp. 39-45。

〔9〕 有关荷兰使团出使中国的历史研究，参见：John E. Wills, *Embassies and Illusions: Dutch and Portuguese Envoys to K'ang-his, 1666-1687*,Cambridge (Massachusetts) and London: Harvard University Press,1984。

〔10〕 Thijs Westeijn, Menno Jonker eds., *Barbaren en wiijsgeren: het beeld van China in de Gouden Eeuw*,Haarlem& Nijmegen: Frans Hals Museum/ Vantilt, 2017.

〔11〕 Leonard Blussé, *Tribuutaan China: viereeuwenNederlands-Chinese betrekkingen* , Amsterdam: Ooto Cramwinckel Uitgever, pp. 74-89,1989.

〔12〕 有关"白狮号"出土的中国陶瓷，参见：Christine L. van der Pijl-Ketel et al, *The Ceramic Load of the "Witte Leeuw" (1613)* , Amsterdam: Rijksmuseum,1982。

〔13〕 有关贸易瓷中的特殊欧洲器型，参见：Luisa Vinhais, Jorge Welsh eds., *Out of the Ordinary: Living with Chinese Export Porcelain* , London: Jorge

Welsh Books , 2014.

〔14〕 Herbert Butz, *China und Preußen: Porzellan und Tee*,Berlin: Museum fürAsiatische Kunst, Staatliche Museenzu Berlin, 2012.

〔15〕 有关娃娃屋的详细研究，参见：Jet Pijzel-Dommisse,*Het hollandse pronkpoppenhuis: Interieur en huishouden in de 17de en 18de eeuw*,Amsterdam: Rijksmuseum, 2000。

〔16〕 参见：侯怡利、黄兰茵、叶雅婷，等著，余佩瑾编.亚洲探险记：17世纪东西交流传奇[M].台北：台北"故宫博物院"，2019：76—77、230—231、134—135.

〔17〕 有关贸易陶瓷在荷兰市场的相关研究，参见：Christiaan J.A. Jörg, *Porcelain and the Dutch China Trade*, The Hague: MartinusNijhoff, 1982；《17—18世纪中国对欧洲贸易中的瓷器》，《陶瓷手记：陶瓷史思索和操作的轨迹》，[M].谢明良，2008，台北：石头，第287—308页；有关普朗克瓷，参见：Christiaan J.A. Jörg, *Pronk porselein: porseleinnaarontwerpen van Cornelis Pronk/Pronk porcelain: porcelain after designs by Cornelis Pronk*, Gronigen: Groningen Museum,1980；又参见《亚洲探险记：17世纪东西交流传奇》，第136—143页。

〔18〕 有关代尔夫特陶器，参见：Jan Daniël van Dam, *Delffse Porceleyne: Dutch Delftware 1620-1850*, Amsterdam: Rijksmuseum , 2004。

〔19〕 Menno Fitski, *Kakiemon Porcelain: A Handbook*, Amsterdam: Rijksmuseum; 2011 Jan van Campen, Titus Eliëns eds., *Chinese and Japanese Porcelain for the Dutch Golden Age*,Zwolle: Waanders Uitgevers, 2014.

〔20〕 有关东印度公司进口日本瓷器的档案记录整理，参见：Miki Sakuraba& Cynthia Viallé, *Japanese Porcelain in the Trade Records of the Dutch East India Company*, Fukuoka: Kyusu Sangyo University, 2009。

〔21〕 谢明良.记"故宫博物院"所藏的伊万里瓷器[C]//贸易陶瓷与文化史.台北：允晨文化，2005：137—170；谢明良.清宫传世的伊万里瓷器[C]//陶瓷手记3：陶瓷史的地平与想象.台北：石头，2015:185—196页；又参见：侯怡利、黄兰茵、叶雅婷，等著，余佩瑾编.亚洲探险记：17世纪东西交流传奇[M].台北：台北"故宫博物院"，2019：308—309.

〔22〕 关于欧洲的中国风，参见：Oliver Impey, *Chinoiserie: The Impact of Oriental Styles on Western Art and Decoration*,London,1977；Madeleine Jarry, *Chinoiserie: Chinese influence on European decorativeart, 17th and 18th centuries*, New York: Vendome, 1981；Dawn Jacobson, *Chinoiserie*,London,1993: Phaidon；Francesco Morena, trans. Eve Leckey, *Chinoiserie: The Evolution of the Oriental Style in Italy from the 14th to the 19th Century*, Firenze, 2009: Centro Di。

〔23〕 有关林布兰与印度艺术之间的关系，参见：Stephanie Schrader et

al, *Rembrandt and the Inspiration of India*,Los Angeles: J. Paul Getty Museum,2018。

〔24〕 侯怡利、黄兰茵、叶雅婷, 等著, 余佩瑾编.亚洲探险记: 17世纪东西交流传奇[M].台北: 台北"故宫博物院", 2019: 38—39.

〔25〕 KlaasRuitenbeek, "Duivelverjagende vreemde duivels: een Chinese rolschildering uit 1738," Bulletin van het Rijksmuseum 37,1989, p.p. 333-340.

〔26〕 Ching-Ling Wang, "Chinoiserie in Reflection: European Objects and their Impact on Chinese Art in the Late Seventeenth and Eighteenth Centuries" in Joachim Brand, Eva-Maria Troelenberg, Matthias Weiß eds, *Wechselblicke: Zwischen China und Europa 1669-1907 / Exchanging gazes: Between China and Europe 1669–1907*, Berlin: Staatliche Museenzu Berlin,,2017,p.p. 42-55.

巴洛克宫廷里的"中国风"
——波兰王奥古斯都二世的中国瓷器收藏

孙悦

故宫博物院

一、 奥古斯都二世收藏中国瓷器的历史背景

德意志萨克森选帝侯、波兰国王奥古斯都二世（Augustus the Strong，1670—1733）一生酷爱收藏东方瓷器，数十年内收藏了来自中国、日本的瓷器逾 25,000 件（图 1）。奥古斯都二世生活和执政的时代，正是中国清代康熙、雍正年间，同时也是欧洲"大航海时代"荷兰占据海上贸易主导权的时期。此时的中国瓷器生产、贸易、外销等情形，较之前代发生了明显变化。

16 世纪初期，欧洲人开始涉足中国的陶瓷贸易。1513 年，葡萄牙人来到广州附近的屯门岛（ Tunmen 或 Tamang，也称贸易岛，今中国香港大屿山附近①）购买了一些瓷器。这是欧洲与中国直接贸易关系的开始，也意味着中西瓷器贸易的开端。[1]17 世纪以来，东西方的陶瓷贸易发生了新的变化。1600 年，英国东印度公司率先成立。紧接着，荷兰、丹麦、葡萄牙、法国、瑞典等相继成立了本国的东印度公司。中国与欧洲的陶瓷贸易，基本由这些东印度公司所操控。其中荷兰东印度公司（Vereenigde Oostindische Compagnie，简称 VOC）影响最大，在 17—18 世纪的中欧陶瓷贸易中占据了主导地位。有学者统计，在 1602—1682 年间，荷兰东印度公司从中国进口的瓷器总数达 1,200 万件以上。[2]这个数字仅从东印度公司档案中的发货单统计得出，实际的瓷器出口量应该远大于此数。

---

① 也有学者持不同观点，见本书第7页脚注① 。

图 1 奥古斯都二世像

[荷] 路易斯 · 德 · 西尔维斯特（Louis de silvestre，1675 – 1760 ）

1718 年

布面油画

253x172 厘米

德国国立德累斯顿艺术收藏馆古典大师画馆藏

1644 年明清鼎革。入主中原的清廷为了政局稳定，实施了较明代更为严格的海禁。顺治十二年（1655）规定："海船除给有执照、许令出洋外，若官民人等擅造两桅以上大船……皆交刑部分别治罪。"第二年又发布谕令："今后凡有商民船只私自下海，将粮食货物等项与逆贼贸易者，不论官民，俱奏闻处斩。"[3] 在清初禁海令颁布时期，中国与西方的瓷器贸易受到很大影响。据荷兰东印度公司的档案显示，顺治元年（1644），景德镇无一件瓷器出口；顺治二年，只有 1,300 件大桶由福州运往中国台湾。而在 1638 和 1639 年，景德镇运往台湾的瓷器分别有 89 万件和 54 万件。[4]

经历了王朝更迭，政局趋于稳定，清朝政府也意识到发展海外贸易的重要性。1683 年清王朝平定台湾之后，决定开放海禁。1684 年康熙帝发布谕令："向令开海贸易，谓于闽、粤边海民生有益，若此二省民用充阜，财货流通，各省俱有裨益。且出海贸易，非贫民所能，富商大贾，急迁有无，薄征其税，不致累民，可充闽、粤兵饷，以免腹里省分转输协济之劳。腹里省分钱粮有余，小民又获安养，故令开海贸易。"[5] 清廷正式开放了粤海关（广州）、闽海关（福建漳州）、浙海关（浙江宁波）、江海关（今上海）作为管理对外贸易和征收关税的机构。自此，中国陶瓷的对外贸易开始在现代海关制度的框架之下进行。

综上所述，在 17—18 世纪实行的一系列海外贸易政策，虽然屡屡实施海禁，一定程度上限制了海外贸易发展，但此时中欧之间的海上陶瓷贸易仍然取得了十分可观的成绩。特别是康熙二十三年（1684）清廷解除海禁之后，瓷器出口数量大幅增加的同时，瓷器风格也出现了很多新的变化。奥古斯都二世收藏的中国瓷器，绝大多数是 1684 年之后购入的。这批藏瓷基本涵盖了康熙外销瓷器的各个类别，同时也体现着奥古斯都二世个人的审美特性和追求。

二、　奥古斯都二世的中国瓷器收藏概况

（一）来源

资料显示，1709 年之前，奥古斯都二世便开始有计划地购买、收藏中国东亚瓷器。[6] 其后的数十年间，其收藏的中国瓷器总数达 25,000 余件。这些瓷器的来源，主要有以下几个方面。

首先，萨克森宫廷之中原有一些旧藏的中国瓷器。档案显示，意大利

美第奇家族曾于 1590 年馈赠给萨克森王室 14 件中国瓷器。如今，这批瓷器仅存 8 件，分别是青花器 3 件、素三彩瓷雕 3 件、嘉靖红地金彩碗 1 件、嘉靖绿地金彩碗 1 件，均为明代嘉万时期外销瓷的典型品种（图 2）。其中两件带有金彩的颜色釉碗，在欧洲宫廷收藏的中国瓷器中较为常见。葡萄牙传教士克路士在 1556 年到访广州时曾记述广州出售瓷器的情景："瓷器有极粗的，也有极细的；有的瓷器公开售卖是非法的，因为只许官员使用，那是红色和绿色的、涂金的及黄色的。这类瓷器仅少量地出售……商人的大街是最主要的大街，两侧都有带顶的通道。尽管这样，瓷器的最大市场仍在城门，每个商人都在他的店门挂一块牌子写明他店内出售的货物。"[7] 这段记述中提到的出售少量"红色和绿色的、涂金的及黄色的"瓷器，与美第奇家族馈赠的两件红地、绿地金彩碗极为相似，应为同一类

图 2　来自美第奇家族馈赠的 8 件瓷器

器物。从这条记录可知，当时这类瓷器多通过私人贸易进入欧洲且销售量不大，因而价格要高于一般的民窑外销器。

　　至于奥古斯都二世本人的瓷器收藏，则主要通过荷兰东印度公司购入。荷兰东印度公司在荷兰本国的办事机构，主要分布在阿姆斯特丹、鹿特丹（Rotterdam）、代尔夫特、霍恩（Hoorn）、米德尔堡（Middelburg）和恩克华生（Enkhuizen）6 座城市。这些城市中的瓷器代理商、中间人、

图3 陈列在茨温格宫展厅中的"龙骑兵罐"

古董商和收藏家，都与奥古斯都二世有所往来，奥古斯都二世所藏中国瓷器大都从这些地区购买。如1716年7月，他在写给拉格纳斯科（Lagnasco）伯爵的信中就提到"关于本月6日开始代尔夫特的（瓷器）销售，我希望我能及时得到这方面的消息"。[8]

此外，他作为萨克森选帝侯和波兰国王，活跃于萨克森、波兰两地的王公大臣、瓷器商人等，也有进献或代为购买之举。同时，欧洲各王室之间的交流往来中，也会有一些瓷器通过外交途径入藏萨克森宫廷。这其中最著名的瓷器收藏便是"龙骑兵罐"，即奥古斯都二世于1717年用600名禁卫军与普鲁士国王腓烈特·威廉一世交换的151件青花大罐（图3）。

（二）时代和类别

奥古斯都二世收藏的中国瓷器时代集中在明末清初时期，具体年代自明嘉靖朝开始，下限至清雍正时期，历代皆有。按类别，主要有景德镇青花、景德镇五彩、福建德化白瓷、福建漳州窑青花、福建漳州窑五彩、广东潮州窑青花、宜兴紫砂器等等，各类釉色、品类皆备，可以说比较全面地体现了康熙时期外销瓷的整体特点。器型以碗、盘等日用器为主，与同时期中国国内所见的民窑器物相似。而其藏瓷中一些大缸、大罐等大器，各类文房、玩意等小型器皿，又为同时期国内民窑所少见，当为专供外销烧制，这类藏品亦占有重要比重。

这其中比较值得注意的是，奥古斯都二世购买、收藏中国瓷器的行为开始于18世纪初，即中国的康熙时期，但其藏瓷的年代并非全部属于康熙年间，其中有一定比重的明末清初瓷器。康熙时期进行的瓷器对外贸易，何以会出现大量前朝瓷器？

雍正、乾隆时期御窑厂督陶官唐英，在雍正六年赴景德镇督陶之初"即查得有次色脚货一项，系选落之件。从前监造之员，以此项瓷器向无解交之例，随散贮厂署，听人匠使用，破损遗失，致烧成之器皿与原造之坯胎，所有数目俱无从查核"。[9] 这清楚说明，雍正六年之前御窑厂烧制出的次品如何处理，既没有官方规定，更无专人管理，随意"散贮厂署，听人匠使用"。也就是说，从清代建国以来到雍正六年之前，御窑厂对官窑残次品的管理是混乱的状态，没有明代御窑的集中销毁制度。官窑尚且如此，民窑的情况更可想而知。因此，康熙时期必然会有大量崇祯、顺治时期的前朝瓷器（甚至官窑瓷器）留存于世。这些明末清初瓷器，有的便通过公、私贸易的形式出口到海外。

再来看明末清初瓷器的价格。清人叶梦珠《阅世编》中记录了明清易代之际瓷器价格的变迁，其中说：

> "崇祯初时，窑无美器，最上者价值不过三、五钱银一支，丑者三、五分银十支耳。顺治初，江右甫平，兵燹未息，瓷器之丑，较甚于旧，而价逾十倍。最丑者四五分银一支，略光润者，动辄数倍之，而亦不能望靖窑之后尘也。至康熙初，窑器忽然精美，佳者直胜靖窑，而价亦不甚贵，最上不过银钱一钱一支而已。自十三年甲寅之变，江右盗贼蜂起，磁器复贵，较之昔年价逾五倍，美者又不可得……至二十七年戊午，豫章底定，窑器复美，价亦渐平，几如初年矣。"[10]

从中可以看出，因为受到1644年明清易代的甲申之变和康熙十三年（1674）的"三藩之乱"等战争影响，瓷器价格在明末清初之际波动颇大，贵贱无常。但总体而言，康熙本朝瓷器质量优于顺治时期。时人对康熙御窑瓷器的评价也颇高，《在园杂志》中说："至国朝（康熙）御窑一出，超越前代，其款式规模，造作精巧。"[11] 因此，康熙瓷器的价格相对会较前朝为高。

这些瓷器出口时的售价，又远高于国内销售的民窑。明末时期，外

图4　日本宫外景

销瓷售价为碗纹银一钱（100 文），质量精者每个二两纹银。[12] 以《阅世编》中所载崇祯年间精品瓷器三、五钱银一支的均价而论，价格利润约为30—400 倍。康熙时期，瓷器价格有所上升，且康熙本朝的瓷器质地优于崇祯、顺治时期，因此这时期出口崇祯顺治年间的瓷器，或许成本较康熙本朝瓷器更低，从而在对外贸易方面获利更丰。这也是奥古斯都二世藏瓷中多有明末清初"转变期"瓷器的原因之一。

（三）陈设方式

17—18 世纪，正是欧洲宫廷流行"中国风"的时期，大量中国风格的建筑出现于欧洲贵族宫廷，其中亦有以瓷器为代表的中国器物作为装饰。奥古斯都二世作为中国瓷器的拥趸，在其皇宫茨温格宫（Zwinger）室内和宫外庭院大量陈设中国瓷器。不仅如此，他还修建、改建了具有东方风格的宫殿十余处。其中的"日本宫"与中国瓷器的收藏、陈设关系最为密切。

日本宫（Japanische Palais）坐落在易北河南岸（图4），与对岸的皇宫茨温格宫遥相呼应。其建筑原属荷兰公使范·卡瑞伯格（Van Craneberg）所有，故初名"荷兰宫"。1717 年，奥古斯都二世为了举办大型宫廷庆典活动和为其子举办婚礼，将"荷兰宫"购为己有，改名为"日本宫"，并令当时的著名建筑师马特乌斯·丹尼尔·珀佩尔曼（Matthäus

图 5　今日茨温格宫中的陈设方式

Daniel Pöppelmann）对其进行改、扩建。

1727 年，奥古斯都二世将他的部分瓷器精品移至日本宫。1733 年，就在日本宫行将完工之前，奥古斯都二世与世长辞，未能实现他在日本宫中全面展示其瓷器收藏的构想。

按照奥古斯都二世原本的设想，日本宫将被改建成一座陶瓷宫（porzellanschloss）。其内部全部用中国和迈森陶瓷来装饰，陈设方式是以各类瓷器装饰整面墙壁，依据器型大小依次陈设，最下方放置罐、瓶等大器，其上装饰盘、碗等器型，最上方装置碟、杯等小件器物。整体望去琳琅满目、华美壮观。这种陈设方式是当时颇为流行的巴洛克风格，在奥古斯都二世建造的其他宫殿如绿穹珍宝馆中，也有类似形式的陈设。

随着奥古斯都二世的离世，这项工程未完工便匆匆收尾。其内部陈设方式停留在设计图样阶段，不过这种陈列方式影响深远，20 世纪以来茨温格宫举办的历届瓷器展览，几乎都沿用了奥古斯都二世当初的设计样稿形式（图 5）。如今，日本宫的外部装饰，则很难见到奥古斯都二世理想中"瓷宫"的风貌，只是其山墙的浮雕处雕刻着中国人和撒克逊人正向萨克森尼亚（Saxonia）进呈瓷器的场景，昭示着这座宫殿的建造意图。

三、 奥古斯都二世对中国瓷器的认识

（一）编目

1721 年，奥古斯都二世下令对其收藏的瓷器藏品进行编目。至 1727 年，在负责日本宫装修和家具陈设的管事大臣马丁·特乌弗特（Martin Teuffert）主持下，这份藏品目录正式编纂完成。

目录清单共有 1,000 余页，分为十章。其中前六章为东亚瓷器，数量超过 25,000 件。后四章分别为：第七章《萨克森白瓷》、第八章《萨克森酱色瓷及炻器》、第九章《宜兴窑》、第十章《印度黑釉和萨克森黑漆瓷器》。

奥古斯都二世以字母"N"作为其收藏标识，在每件器物底部墨书或镌刻"N"字头的编号。除此之外，他还以各种符号对瓷器品类、产地、釉色进行了区分。如：

　　＋ 代表日本伊万里瓷器
　　~~~ 代表青花瓷

工　代表五彩瓷

△　代表德化白瓷

□　代表克拉克瓷器

↑　代表五彩瓷

以现今德累斯顿库存的瓷器对应档案发现，清单中记录的符号含义并非绝对准确。如"□"符号并不代表我们现在认知的克拉克瓷，而是一些欧洲加彩的中国白瓷。再如"+"也并非专指日本伊万里瓷，中国仿伊万里、荷兰装饰的伊万里甚至一些中国青花加金彩的瓷器，均用"+"表示。另外，这样的标记方式有的依据器物产地，有的则根据器物类别、釉色等，标准并不统一。因此，以现代陶瓷研究的标准来看，这种标记难免有重复、错漏之处。

（二）加工改制

图6　荷兰加彩的中国瓷盘
景德镇窑
清康熙年间
德国国立德累斯顿艺术收藏馆藏
© Staatliche Kunstsammlungen Dresden, Porzellansammlung, inv. no. PO 3156, photos Paul Kuchel

基于陈设和装饰考虑，也为了更加符合欧洲宫廷生活的使用习惯，一些在中国本土作为日常用器的瓷器，到了奥古斯都二世的宫廷中便经过不同程度的加工改制，从而更突出其观赏性和陈设效果。这些改动有的只是加工装饰，有的属于改变器物形制，有的则改变了器物原有用途，不一而足。这里试举几例。

1. 加彩

欧洲商人对中国瓷器加饰彩绘的做法，肇始于 17 世纪末的荷兰。目前已知的几件在荷兰被加饰彩绘的东亚瓷器是两件德化窑瓷杯和两件写有丹麦腓特烈四世首字母缩写的日本瓷碟，被收藏于丹麦皇室。而这组瓷器，正是奥古斯都二世从他的前陆军部长弗里德里希·拉施克（Friederich Raschke）手中得到的。拉施克曾于 1708—1709 年在荷兰阿姆斯特丹居住，并在那里购买了一些荷兰加饰彩绘的瓷器。[13]

现今奥古斯都二世藏瓷中，欧洲加彩的瓷器可以判断的有荷兰加彩、波希米亚地区加彩等等。（图 6）

2. 钻孔

一些青花盘，盘心被钻以圆孔，这类瓷器在奥古斯都二世藏瓷中颇为常见（图 7）。其造型对于后来的中国外销瓷也颇有影响，19 世纪的广彩盘中，即有大量此类带钻孔的盘、碟类器物。

这类器物的功能或为盛放茶点的托盘。中孔部分加装立柱，以将几个同样器型的盘碟串联在一起，作为盛放不同茶点之用。此外，还有将此类瓷盘中孔处加装一个金属支架用来盛放雪茄，盘碟也就相应作为烟灰缸使用。可见这类钻孔小盘具有不同的用途。

除了盘、碟器物，奥古斯都二世还在大缸底部钻孔，这是为了茨温格宫中种植橘子树所用（图 8）。1726 年 5 月 22 日，奥古斯都二世致信他的首相坎特·弗莱明（Count Fleming）说："我陷入了对荷兰橘子树和中国瓷器的狂热追求中，正毫无节制、不谙世事地进行购买和收藏。"

3. 金属装饰

在中国瓷器上加饰金属装饰的做法由来已久，明代中晚期的外销瓷器中即多见加饰金器、银器的做法。英国国立维多利亚与艾尔伯特博物馆藏有一件嘉靖时期的瓷碗，为 1583 年曼德沙伊德伯爵（Maderscheit）从土耳其携带而来，由德国金匠镶嵌银底座。可见明代嘉靖、万历时期，德意志地区已经开始对中国瓷器进行加饰金属装配。[14] 奥古斯都二世藏瓷中多有加装金属装饰的瓷器。从这些器物可见，加饰金属装配的目的有二：

图 7　带有钻孔的青花小盘
　　　景德镇窑
　　　清康熙年间
　　　德国国立德累斯顿艺术收藏馆藏
　　　© Staatliche Kunstsammlungen Dresden, Porzellansammlung, inv. no. PO 3156,
　　　photos Paul Kuchel

图 8　带有钻孔的大缸，用来种植橘子树
　　　景德镇窑
　　　清康熙年间
　　　德国国立德累斯顿艺术收藏馆藏

图9　德国工匠在中国瓷器上刻划的花鸟图案
瓷器：景德镇窑，清康熙年间
刻划：德国工匠，约同时期
德国国立德累斯顿艺术收藏馆藏
© Staatliche Kunstsammlungen Dresden, Porzellansammlung, inv. no. PO 3201,
photos Paul Kuchel

一是为了华丽美观，显示出瓷器作为宫廷奢侈品的尊贵身份；二是根据欧洲宫廷的生活需要，用金属对原有器型进行一些改造，进而改变瓷器的功用。如杯、碟加饰金属底座改为高脚杯，一些细口长颈瓶的顶部加金属构件改为烛台等等。

4. 刻花

奥古斯都二世藏瓷中有多件刻花的酱釉杯、碟，为德累斯顿当地的工匠在中国瓷器上再次刻划，图案多为花鸟。其刻划风格与中国同类题材差异明显（图9）。

（三）设计订制

嘉靖时期（1522—1566），葡萄牙人已经开始采用订货方式从中国购买瓷器。[15]17世纪上半叶，荷兰东印度公司亦开始出具样式，向中国特别订制瓷器。1635年，荷兰人第一次将一批木制的模型交到中国商人手中，要求按照木样生产一些欧洲式样的瓷器,如啤酒杯、烛台、芥末罐等等。[16]
奥古斯都二世藏品中有些西洋风格的作品,即来自阿姆斯特丹商人的设计,
如一件瓷盘图案为荷兰代尔夫特风景,而中国工匠将画面中的教堂、飞鸟、
树木等图案处理得似是而非(图10)。

　　至于奥古斯都二世本人的订制,可以从现存的档案和旧藏的对应中得
到印证。如他以600名士兵与普鲁士国王交换得来151件"龙骑兵罐"后,
又从荷兰订购了一批同样器型的产品。再如,其1727年清单第六章记录有
6件"涂有西班牙盾徽的棕色镶边的盘子",编号为"N11 口"。现今藏品
中有数件这类五彩纹章瓷盘,可以对应为档案所记的产品(图11)。这件
瓷盘为康熙时期景德镇作品,荷兰加彩,从加饰的纹章样式来看,应为奥
古斯都二世所订制。

图10　描绘代尔夫特风景的中国瓷盘
景德镇窑
清康熙年间
德国国立德累斯顿艺术收藏馆藏
© Staatliche Kunstsammlungen Dresden, Porzellansammlung, inv. no. PO 1499,
photos Paul Kuchel

图 11　带有纹章图案的中国瓷器，荷兰加彩
景德镇窑
清康熙年间
德国国立德累斯顿艺术收藏馆藏
© Staatliche Kunstsammlungen Dresden, Porzellansammlung, inv. no. PO 3122,
photos Paul Kuchel

（四）仿制

　　1701 年，年轻的炼金术士约翰·弗里德里希·波特格尔到萨克森公国，奥古斯都二世将其派往德累斯顿附近的小镇迈森，让他作为科学家兼经济学家兼皇帝总顾问埃伦弗里德·沃尔特·冯·慈恩豪斯伯爵（Enrenfreid Walther von Tschirnhaus，1651—1708）的助手，负责研制"白色金子"，即中国瓷器。1709 年，在两人共同努力下终于成功研制出硬质瓷的配方，迈森瓷器由此诞生。

　　迈森瓷器的研制成功，得益于奥古斯都二世收藏的大量中国瓷器作为样本。因此，迈森瓷在生产初期，仍以仿制中国瓷器为主。在早期迈森瓷器的作品中，可以看到大量中国瓷器的风格和痕迹。

　　以上几点不难看出，奥古斯都二世对于中国瓷器的认识是不断深化的。最初，他受当时流行于欧洲宫廷的"中国风"影响，只是单纯地喜爱中国瓷器而广为收藏，主要用途是将中国瓷器用于宫廷陈设。这种思维和做法沿袭了德国贵族宫廷的传统。早在 16 世纪，费迪南德一世（Ferdinand I）

时代便在宫廷之中设立"珍宝柜储藏室"（cabinets of curiosities）。16世纪下半叶，这种专门收藏来自中国的奇珍异宝和各类奢侈品的储藏室之风得到迅速发展，风靡欧洲。奥古斯都二世早期对于中国瓷器的收藏，显然有丰富其"珍宝柜储藏室"的目的，有夸耀其财富和权势的象征。

随着收藏的日渐丰富，奥古斯都二世开始着手对中国瓷器进行加工、改制。这最初的改动，只是在被动接受东印度公司来货的基础上对中国瓷器进行的简单再设计。之后，奥古斯都二世开始要求中国工匠根据自己的喜好特别订制瓷器，所以其藏品中可以见到许多独特的器型和特殊纹样。最终难得的是，奥古斯都二世不仅关注中国瓷器的审美价值，更注意到其作为17—18世纪重要国际贸易品的经济利益和国家利益，开始以君主身份主动推进对中国瓷器的仿制和研究，于小镇迈森成功制作出欧洲的第一件硬质瓷，从而改写了世界陶瓷的历史。

四、奥古斯都二世藏瓷的影响

（一）发扬并引领欧洲宫廷风尚

17—18世纪，正是欧洲社会狂热追逐中国风（Chinoiserie）的时代。1700年，为庆祝新世纪的到来，"太阳王"路易十四在法国凡尔赛宫金碧辉煌的大厅里举行盛大的舞会时，曾身着中国式服装，坐在一顶中国式八抬大轿里出场，使得全场顿时发出一片惊叹声。这标志着缘起于马可·波罗时代的"中国风"开始风行于欧洲上流社会，皇家宫廷以中国风格的装饰、中国器物陈设为奢华富丽的标志。

在这样的时代背景下，奥古斯都二世对于中国瓷器的痴迷无疑深受时代风尚的影响，是对"中国风"这一流行趋势的发扬。以其对中国瓷器的收藏和陈设方式为例，早在17世纪末，荷兰贵族奥兰治王室便兴建了奥兰治堡宫专门收藏瓷器。[17]英国女王玛丽二世也在她荷兰阿姆斯特丹郊外的乡间大宅设立了专门的瓷器室，并聘用法国建筑设计师马若为其布置位于海牙的宫廷。马若将大量瓷器摆放在壁炉架、搁板上、橱柜内、镜子前。这种全新的装饰手法很快风行欧洲。之后，玛丽女王二世在英国汉普顿宫首次向英国人展示了"将瓷器堆在柜顶、堆在文具盒、堆在壁炉台每个空间，一直堆到天花板甚至专为瓷器设计层架，安放在需要的位置，直到花费过大到伤神伤财，甚至危及家庭、产业"的此种"要命、过分行为"。[18]奥

图 12　景德镇仿迈森瓷器

景德镇窑

1740 年代

馆藏地不详

古斯都二世的日本宫和皮尔尼茨宫等宫殿设计图中关于瓷器陈设的方式，显然是英国汉普顿宫的翻版。

（二）对中国本土瓷器风格的影响

中西文明或艺术的交流，带来的影响总是相互的。奥古斯都二世生活的 17—18 世纪初期，欧洲宫廷流行着"中国风"。而远在东方的中国宫廷紫禁城之中，各类西洋风格的器物、装饰、纹样也充斥宫廷。

在陶瓷器物方面，最典型的代表是来自西方技术、原料的珐琅彩瓷器，开始出现于康熙皇帝面前。在之后的雍正、乾隆时期，中国外销瓷器的器型、纹样愈加丰富，且融入了些许西洋风格。这其中，就有来自奥古斯都二世的设计或审美好尚的因素影响。不仅外销器物，在中国宫廷御用瓷器中，同样出现了很多来自西洋的技术和艺术设计。

迈森瓷厂早期的很多瓷器都模仿中国瓷器而成，相应地，其后来自主设计的许多纹样也成为中国外销瓷中的常见元素。如迈森瓷器中有一些漩涡纹饰和三四个花边围绕的小开光组合，这种纹饰便流行于雍正、乾隆时期的外销瓷（图 12）。短短几十年之内，奥古斯都二世大力研制中国瓷器而成就了迈森瓷，中国陶工又反过来模仿迈森瓷器，艺术与技术的双重互动，使东西方的文明和审美在瓷器艺术上得到了一次全面的交流。

（三）欧洲瓷器的诞生

与法国、荷兰等国的早期瓷厂所生产的软质瓷不同，奥古斯都二世倡导下建立的迈森瓷厂生产出了真正意义上的硬质瓷器。而且，奥古斯都二世有着极强的"知识产权"意识，在瓷器发明成功之初，他便以拉丁文、德文、法文和荷兰文等多种语言文字写明诏书，宣称萨克森地区的迈森发现了硬质瓷器的奥秘：

"我们的工匠也能够提供足够的白瓷样本了。有的上釉，有的不上釉，这足以证明我们的土壤提取的材料，能够用以制造瓷器，这种瓷器的透明度和其他品质，可以与东印度的瓷器相媲美。所有的一切使我们坚信，只要经过适当的处理，这种白色瓷器将能够超过东印度的瓷器，正如红色陶器已经证实的那样，不仅在美观上，而且在形状的多样化和制造大型器物如雕像、石柱和套装餐具的能力上，我们均已超过东印度的红陶和白瓷……"[19]

文件中所说的"东印度"即是中国。在迈森发明了硬质瓷器之后，后者短短几年之内便迅速占领了欧洲市场。不仅如此，迈森瓷厂作为欧洲第一个皇家瓷器生产机构，有着引领和示范作用。在奥古斯都二世的迈森瓷厂的帮助和影响下，法国、意大利、英国、荷兰和葡萄牙等国也相继成立了皇家瓷器厂，整个欧洲的制瓷实力和产量都大幅提高。这对于中国陶瓷的生产和贸易而言，有着毁灭性的打击。中国自此失去了世界陶瓷贸易市场"唯一性"的垄断地位。迈森，改变了世界陶瓷贸易的历史格局。

五、 小结

奥古斯都二世收藏的中国瓷器品类丰富、齐全，时代特征鲜明。可贵的是，在奥古斯都二世之前，欧洲贵族对于中国瓷器的收藏只是单纯的个人爱好，停留在审美欣赏和财富炫耀的层面，奥古斯都二世对于中国瓷器的收藏不止于此，其编目、加工、设计乃至下令举全国之力对中国瓷器进行研制仿造，带有一定科学研究性质。他以萨克森州选帝侯、波兰国王的身份如此大规模收藏中国瓷器，扩大了中国瓷器在欧洲的影响力，对其他公国王室有着示范作用。

奥古斯都二世对于中国瓷器进行的大量艺术设计和科学研究工作，成果显著。他对于陶瓷纹样和器型的设计，丰富了中国瓷器的固有生产套路，促进了中西文化艺术交流。他下令组织对中国瓷器的仿制并最终取得成功，则改变了世界陶瓷生产和贸易的历史。

〔1〕 吉笃学.上川岛花碗坪遗存年代等问题新探[J].文物，2017（8）：59—67.

〔2〕 叶文程.宋元明时期外销东南亚瓷器初探[C]//中国古外销瓷器研究论文集.北京：紫禁城出版社，1988：69.

〔3〕 《大清会典·康熙朝》，卷一百十八·关津。

〔4〕 谢明良.贸易陶瓷与文化史[C]台北：允晨文化实业股份有限公司，

2005：141.

〔5〕 《清实录·圣祖仁皇帝实录》，卷一百十六，康熙二十三年，北京:中华书局，1986年影印本。

〔6〕 1709年，约翰·弗里德里奇·波特哥（1682—1719）受命重新编写奥古斯都二世的"白金"收藏清单。当时的"白金"泛指价值连城的中国瓷器，其中一份叫"allergnmOndliche order"文档提到从艾门（eimen）的宫殿中转移八件中国白瓷。

〔7〕 参见：[英]C.R.博克舍编注.16世纪中国南部行纪. [M].何高济，译. 北京：中华书局，1990：89.

〔8〕 Ruth Sonja Simonis，*Microstructures of global trade*：*Porcelain acquisitions through private networks for Augustus the Strong*. Published at arthistoricum.net, Heidelberg University Library, 2020,p26.

〔9〕 唐英乾隆八年二月二十日《钦定次色瓷器变价之例以杜民窑冒滥折》，《唐英全集》，学苑出版社，2008年1月第1版，第1183页。

〔10〕 叶梦珠.阅世编·卷七[M]. 北京：中华书局，2007.

〔11〕 刘廷玑.在园杂志·卷四[M]. 北京：中华书局，2005.

〔12〕 [美]罗伯特·芬雷.青花瓷的故事[M].郑明萱，译. 海口：海南出版社，2015：39.

〔13〕 Espir, Helen, *European Decoration on Oriental Porcelain* 1700-1830, London，2005, p59-60. 转引自[英]柯玫瑰，孟露夏.中国外销瓷器[M]. 张淳淳，译.上海：上海书画出版社，2014：137.

〔14〕 [英]柯玫瑰，孟露夏.中国外销瓷器[M].张淳淳，译.上海：上海书画出版社，2014：117.

〔15〕 1528年，葡萄牙海军军官若热·卡布拉尔（Jorge Cabral）便在马六甲订购中国瓷器。参见：王冠宇.早期来华葡人与中葡贸易——由一组1552年铭青花玉壶春瓶谈起[J].南方文物，2017：162.

〔16〕 T. Volker, *porcelain and the Dutch East India Company, as recording in the Dagh-registers of Batavia castle, those of Hirado and Deshima and other contemporary papers 1602-1682, Leidon* 1954.

〔17〕 奥兰治王室出身的亨丽埃特，嫁给勃兰登堡选帝侯腓特烈·威廉，后者为其建造了奥兰治堡宫专门收藏瓷器，参见：[美]罗伯特·芬雷.青花瓷的故事[M].郑明萱，译. 海口：海南出版社，2015：313.

〔18〕 Jorg and Jan van Campen. *Chinese Ceramics in the collection of the Rijksmuseum, Amsterdam*. p135. Amsterdam: Rijksmuseum,1997. 转引自[美]罗伯特•芬雷.青花瓷的故事[M].郑明萱，译. 海口：海南出版社，2015：313.

〔19〕 《艺术与科技——中国瓷器研究》，1913年出版。转引自黄忠杰.波兰王奥古斯都二世收藏的中国外销瓷艺术研究[D].福州：福建师范大学，2012.

桑托斯宫瓷厅：穿越世纪的青花神韵

米格尔·索罗梅纽（Miguel Soromenho）

葡萄牙国家古代艺术博物馆

在伊比利亚半岛西南端，葡萄牙里斯本市的西部，坐落着一座宅邸：建筑毗邻美丽的特茹河，带有开阔的露天平台和封闭式大花园，装潢精致。这座宅邸便是桑托斯宫，是位于葡萄牙桑托斯的皇家宫殿。

桑托斯宫原为 1147 年圣地亚哥骑士团建立的修道院。1490 年左右，该处被转让给一位富有的非洲殖民港口总督——费尔南·洛伦索（Fernão Lourenço）。到了 1497 年，葡萄牙国王曼努埃尔一世以另几处皇家宅邸为代价，向费尔南·洛伦索换得了这座宅邸。

御用建筑师若昂·德·卡斯蒂略（João de Castilho，1470—1552）负责修缮该宅邸，在花园四周砌起了防御围墙，围墙上还建造了雉堞和两个瞭望台。不过，这些防御设施仅有装饰作用，一方面以此彰显王权，另一方面也体现了贵族对重拾中世纪骑士精神的渴望。

作为皇家宫殿的桑托斯宫主要供王室成员享乐之用，有时国王也会在此举行接见活动。宫殿内蓄养着来自世界各地的各种稀奇动植物，这种对异域动植物的喜爱后来风靡了整个欧洲，而桑托斯宫正是这一潮流的引领者。宫殿与周围环境相得益彰，南面的露天平台非常开阔，有大大小小的花园。河中还有木制趸船，宫殿主人能在河上尽情消遣玩乐，往来穿梭于桑托斯和里斯本之间。1513 年，国王曼努埃尔一世在桑托斯宫内接见了三名图皮南巴人，并询问了他们关于服饰和生活习惯的问题。次年，他又在宫殿阳台上迎接了埃塞俄比亚舰队，并在宫殿内会见了舰队的使节。

曼努埃尔一世将自己的珍宝室也设在桑托斯宫，他的大部分收藏品都藏于此地。据 1505 年进行的财产清点记载，国王在宫内收藏了大量刀剑、弗拉芒地毯、亚洲艺术品等，这些亚洲艺术品中可能就包括中国青花瓷。青花瓷在当时极其珍贵，受到葡萄牙贵族的百般珍重。曼努埃尔一世对神秘的东方一直满怀向往。他继承了若昂二世（João II，1481—1495）重启的葡萄牙航海事业，并在 1495 年即位之后从经济和军事方面积极支持海上探险与扩张活动，获得了丰硕成果。曼努埃尔一世在位期间，葡萄牙成为了海上贸易帝国。

曼努埃尔一世的长子若昂三世在位时，桑托斯宫被转让给了兰开斯特家族，即阿维罗公爵，若昂二世的私生子豪尔赫·德·兰开斯特（Jorge de Lancastre）的后裔。之后，除了国王塞巴斯蒂昂一世（Sébastien Ier，1557—1578）于 16 世纪末住过一段时间外，桑托斯宫内就一直住着兰开斯特家族，包括他们的旁系家属波尔蒂芒新村伯爵和阿布兰特什侯爵。1909 年，法国政府出资购买了这座宫殿，至今仍作为法国驻里斯本大使馆，供法国驻葡萄牙大使居住。

桑托斯宫中有一间"瓷厅"颇负盛名，大量青花瓷器饰满天花板，令人目眩神迷（图 1）。瓷厅的面积不大，位于桑托斯宫的深处，从这里能看到流淌的特茹河。18 世纪的大整修彻底改变了桑托斯宫的面貌，不过"瓷厅"仍保留着葡萄牙建筑原汁原味的风情。

瓷厅是一间小小的方厅，长宽均为 4 米，天花板距地面约 7.5 米，顶部为金字塔式的天花板，以漆金木材制成，雕有巴洛克式的金彩卷草纹。天花板镶嵌着近 270 件大小不一的中国青花瓷盘，几乎铺满了四个侧面，主要为敞口曲腹与折沿曲腹的大盘，其中一些极为珍稀。这样的装饰手法属于巴洛克风格，当时人们喜将阿兹勒赫蓝彩瓷砖镶在漆金木材上，在桑托斯宫的地下室便可见阿兹勒赫瓷砖画。瓷厅的天花板便是模仿了这种手法，将此类风格体现得淋漓尽致。天花板上青花瓷盘的排列方式经过了相当精细的设计，小瓷盘嵌在大瓷盘四周，极为工整对称，也使得天花板的整体感觉更为繁复绚丽。

这些瓷盘烧制时间不尽相同。研究者将其大致分为四个阶段：16 世纪初（弘治 1488—1505，正德 1506—1521），16 世纪中期（嘉靖 1522—1566，隆庆 1567—1572），万历（1573—1620）年间以及康熙（1662—1722）初期。天花板上逾 1/3 的瓷盘可追溯至嘉靖年间，另有近一半的瓷盘来自万历年间。不同时代的瓷器在胎体、青花发色、纹饰笔法与风格等方面各异其趣。

在这些瓷器中，年代最早的是口径超过 50 厘米的龙纹及缠枝花卉

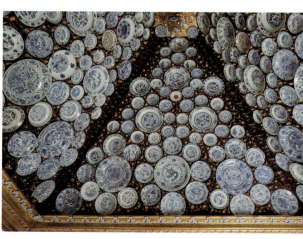

图 1　桑托斯宫瓷厅天花板

纹大盘，可追溯至 16 世纪前期，这也恰为曼努埃尔一世在位之时，因此这可能是他的收藏。年代最早的这批瓷盘数量极少，胎体较厚，饰以植物纹、龙纹等，质量较高。16 世纪中期，嘉靖年间，青花瓷纹饰题材的范围拓展，纹饰简化。嘉靖之后，瓷器胎体更薄。万历年间开始生产盘沿以开光纹饰布局的"克拉克瓷"（Kraak ware），桑托斯宫天花板上的很多瓷盘都属此类。克拉克瓷在当时的欧洲倍受推崇，于是被大量从中国销往欧洲以满足需求。17 世纪后期的瓷盘则无折沿，纹饰疏朗。

就瓷厅的设置时间，至今没有统一的说法。因为 17 世纪后期之前的青花瓷器整齐地镶在金字塔式天花板上，而一些制作于 18 世纪的瓷器则零散地镶嵌于各处，或是天花板建成后，代替缺损了的瓷器而镶嵌于天花板上，所以有观点认为天花板建于 17 世纪末期。此外，根据对瓷器器型、纹饰的分析，并综合葡萄牙建筑风格的研究，有专家推测这些瓷器应为约 1667—1687 年之间被镶嵌于瓷厅天花板，此时的宫殿主人为兰开斯特家族的若泽·路易斯（José Luís，1639—1687）。

除了青花瓷之外，瓷厅天花板上还有四件彩瓷，分别被镶嵌于天花板的四个面。其中两件为 16 世纪的器物，饰有隆庆年间盛行的纹饰，瓷盘上施红釉和绿松石釉，并以金彩装饰。另外两件可能制作于清朝早期，盘身饰有红色、淡黄色和绿色的釉上彩。天花板上还垂挂着一件 16 世纪后期的执壶，器身纹饰极为罕见。

桑托斯宫的瓷器展现了中国与欧洲，尤其是与葡萄牙的瓷器贸易情况。1499 年，瓦斯科·达·伽马献给国王的礼物中便有中国瓷器。传世器物中也有饰以曼努埃尔家族纹章天球仪纹、钟形纹的青花瓷。1517 年，曼努埃尔一世曾授意向中国派遣使团，使团成员曾获得与中国商人直接贸易的机会。有观点认为，他们很可能在此时订制瓷器，希望以此取悦曼努埃尔一世。此次使团随行的通事是华裔海商火者亚三，为江西浮梁人，故乡恰为景德镇，因此也有学者推测最早的订制瓷器或许和他有关，不过这一点无法被证实。

15 世纪晚期到 16 世纪早期，葡萄牙首先以印度、后来以东南亚为据点，购买中国瓷器后运回葡萄牙，桑托斯宫所镶嵌的瓷器部分就有可能是此类转运瓷器。现在欧洲发现的这一时段的景德镇瓷器数量较少，主要为王公贵族购买使用，或作为奢侈的礼物赠答。

由于 16 世纪初期葡萄牙人提出的在中国进行贸易活动的请求被明朝政府驳回，因此他们只能开展规模较小的走私贸易。而之后的 16 世纪中期，尤其是在澳门开埠乃至明隆庆开关后，葡萄牙开始了与中国的大规模瓷器贸易，数量庞大的瓷器通过海路销至葡萄牙。桑托斯宫的瓷厅就是中国和葡萄牙瓷器贸易盛极一时的证明。

17世纪初，在中国瓷器已畅销葡萄牙半个世纪后，随着荷兰东印度公司的成立，欧洲各国方才对中国瓷器有了广泛的关注。17世纪后期，中国瓷器在欧洲备受珍重，欧洲的权贵们多以此为地位权势的象征，在房间中满满地装饰中国瓷器的做法在当时的欧洲蔚然成风，青花瓷器有的装饰着大型宴会场所的一隅，有的装饰着回廊墙壁。柏林的夏洛腾堡宫（Schloss Charlottenburg）、德累斯顿的茨温格宫（Zwinger）等均有以中国或日本的青花瓷为装饰的瓷厅。桑托斯宫瓷厅为这一风潮的引领者。中国瓷器远渡重洋而来，以一种带有欧洲风格的奇特方式装饰于此，穿越数百年的时光，依然瑰丽得动人心魄，尤可见当年使葡萄牙人乃至欧洲的贵族们为之倾倒的风采。

编译：林敏，杨佳怡

审校：曹慧中

原文转载自特展图册《瓷韵苍穹：从中国到欧洲》（*A Firmament de porcelaines*，*de la chine à l'Europe*，MNAAGRMN，Paris，2019，pp.11–15），本文在原文基础上有删改。

"中国白"与欧洲

李晓欣

英国国立维多利亚与艾尔伯特博物馆

　　德化，地处福建省中部，唐代设县，自宋代起归属泉州管辖，从宋、元开始，便是我国重要的陶瓷产区。这座"瓷都"拥有丰富的瓷土矿，瓷土含铁量低、质量好，在高温下可以烧成质地细腻、莹润如玉的 白瓷，即明清两代行销海外的"中国白"（Blanc de Chine）。如今的德化依然是陶瓷工业生产重镇，仅在工商局登记在册的陶瓷生产商，就有大大小小近 3000 家，许多著名的国际陶瓷品牌也由德化的工厂进行生产。如今德化市内有古窑址"月记窑"，为一座典型的龙窑。这种窑依山而建，呈阶梯形，分为多个相通的窑室，柴火自窑室两侧投柴孔生起。据考证，月记窑最晚在清乾隆年间便有运作，现存的窑址尽管为现代重建，仍可窥见当年窑火旺盛的景象。

　　实际上，德化的制瓷史比月记窑的存在久远得多，最新的考古发掘成果证实，德化早在夏商时期便已制作原始青瓷。宋元祐二年（1087），福建泉州设立市舶司，成为当时重要的国际贸易大港。因着地理之便，德化生产的陶瓷开始行销海外。只不过，当时的德化窑工大量生产流行的青白瓷，产品主要出口到东南亚地区。经过宋、元两代，贸易需求使德化瓷业得到长足发展。根据《马可·波罗游记》，这位来自威尼斯的传奇旅行家，曾经到访过一处名为"Tin-gui"的陶瓷产区。林梅村等学者认为，这个地方即是现在的德化；而现藏于威尼斯圣马可大教堂的一件青白釉罐，更被传为马可·波罗从德化带回欧洲的纪念品。

　　到了明代，陶人对工艺的精益求精，令德化白瓷进入了"黄金时期"。在烧窑技术方面，应用了集合龙窑和馒头窑优点的阶级窑，提高了产品的质量和产量。在材料方面，出自附近戴云山脉等山区的白色瓷土，塑性、黏性好，烧成后形成质感致密、白度高的"糯米胎"，有别于北方窑口白瓷，或呈色泛蓝的景德镇瓷。基于瓷土材料的这些特点和量产的需求，德化陶人多利用模具成形，创造出丰富的白瓷产品，包括小型器皿、文玩、瓷塑等，饰以雕刻、划花、印花、堆花、贴塑等装饰，装饰灵感多来源于自然风物，别具特色。而这些形状各异的老模具，至今仍可在德化当地觅得。

明代德化白瓷最受推崇的产品，是各种各样的宗教瓷塑。有学者认为，德化宗教瓷塑发展的高峰，始于明嘉靖后期。得益于贸易打下的经济基础，当时福建南部的市民文化和世俗宗教文化蓬勃发展，居民家中多设立神坛、佛龛，使得德化宗教瓷塑成为紧俏一时的必需品。与中国历史上绝大部分籍籍无名的陶工相比，德化的大师们从明代就有了在作品上留下钤印的做法，这使得当代学者和藏家能够辨认出他们的创作，并在浩如烟海的历史文献中，寻找关于其生平的蛛丝马迹。英国著名的中国陶瓷专家毕宗陶（Stacey Pierson）提出，在作品上留名，标志着德化陶人有了让自己的作品区别于"日用瓷"，而成为可供鉴赏、收藏的"艺术瓷"的意识。

英国国立维多利亚与艾尔伯特博物馆所藏的一尊观音像，背后有"何朝宗印"（上海博物馆有一件类似馆藏，图 1），当为明代德化最著名的大师——何朝宗的杰作。关于这位大师的身世，我们知之甚少。据明、清两代的《泉州府志》记载，何朝宗大约活跃于万历一朝。他出身行伍之家，早年为寺庙做泥塑积累了技术和经验。他创作的白瓷观音瓷塑衣带飘飘，面容庄严秀丽，为后世陶人争相模仿。而另一件背后有"心默子"钤印的观音像（图 2），同样拥有流畅的轮廓，衣履、手足等细节简练而优美。这位"心默子"大师传世之作极少，目前还没有关于其身份的确切说法。

以上两尊观音瓷塑的原主人，是鼎鼎大名的英国收藏家乔治·素廷（George Salting，1835—1909）。素廷一生醉心于器物之美，对遥远中国的艺术十分倾慕，尤爱清代陶瓷。1909 年去世之后，根据其遗愿，他的藏品被分成三个部分，分别捐赠给英国国家艺廊、大英博物馆和英国国立维多利亚与艾尔伯特博物馆。而最终捐赠给英国国立维多利亚与艾尔伯特博物馆的器物中，光是中国陶瓷便有过千件之多，其中这两件观音瓷塑，可说是见证了素廷作为 19 世纪西方收藏家对中国陶瓷的极高的鉴赏能力。

以素廷旧藏为代表的明代德化瓷塑精品，并不是欧洲人最早认识的德

图1 "何朝宗"款观音像
德化窑 明 万历年间
上海博物馆藏

图2 "心默子"款观音像
德化窑 1600—1700
英国国立维多利亚与艾尔伯特博物馆藏

化白瓷。实际上，直到19世纪，西方人才第一次见到这些巧夺天工的艺术品。而在那之前的两百年，质量较为粗糙的明清德化外销白瓷，已经大批进入欧洲。17世纪初，荷兰东印度公司成立，并在亚洲建立了庞大的海洋贸易网络。通过这个网络，德化白瓷作为商品，经泉州涌入欧洲。18世纪，厦门成为英国东印度公司回航伦敦前的最后一站，德化白瓷又从这里销往英伦大地。

英国学者杰弗里·戈登（Geoffrey Godden）整理了一批现存的英国东印度公司船货销售档案，从中我们可以大致了解，数百年前远渡重洋的德化白瓷大概有哪些种类，以及它们在当时的价值。如1702年3月从泰晤士河出发、次年11月抵达厦门的英国东印度公司联合号（Union），

"收进 11 箱瓷器……22 篮白色瓷像"，其中又有 2 件"荷兰家庭像"、2 件"圣母玛利亚像"、65 件"讲坛"、4,735 件"小动物"……根据英国东印度公司的船货销售记录，德化白瓷的数量动辄上千，但由于与其他瓷器品种相比，它们制作工艺相对简单、种类少、成本低，故而并不是中国外销瓷最重要的门类，价格也并不昂贵——根据 1703 年 3 月达什伍德号（Dashwood）船货销售档案，成批共 4,200 件的"白瓷巧克力杯"，总价仅 1 先令 25 便士，最贵的"荷兰家庭"（Dutch Family）瓷塑和"带人像和动物的瓷山"各 3 先令；而根据 1707 年蒙塔古号（Montague）的档案，即便是"荷兰家庭像"，也只是同批船货中日本茶壶售价的 1/7 罢了。

图 3　荷兰家庭
德化窑
18 世纪早期
英国国立维多利亚与
艾尔伯特博物馆藏

所谓"荷兰家庭像"（图3），是德化外销白瓷的一个经典品种。瓷塑塑造了身着荷兰服饰、其乐融融的一家四口，人物脚下还有逗趣的小猴、小狗。起初，有学者认为，瓷塑的原型，是荷兰东印度公司1729年在任的一位"德福上将"（Admiral Duff），并以此命名这类器物；随着对东印度公司的船货记录的深入研究，以及这种瓷塑在欧洲一些古老收藏中被发现，人们可以判定，"荷兰家庭像"最早在18世纪初已经出现，显然与那位上将毫无关系。

　　联合号的船货档案上还记录了名为"讲坛"（Pulpit）的品种（图4）。这种形似烛台并自带"梯子"的古怪器物，真实用途尚无定论。而俗称"马可波罗香炉"的八角形盖盒（图5），上有镂空，下配底座，应是薰、炉一类。但欧洲人显然没有被器物的怪异造型限制住创意——在萨克森选帝侯、波兰国王奥古斯都二世的收藏清单上，这种"香炉"被登录为"八角形牛油盒"，极有可能真的用在国王的餐桌上，以器物的大小和形状来看，也算

图4　讲坛

德化窑　1620—1720
英国国立维多利亚与艾尔伯特
博物馆藏

图5　八角形盖盒

德化窑　清 康熙
法国吉美国立亚洲艺术博物馆藏

是用得其所了。

　　大约在 18 世纪中后期，随着港口贸易中心从厦门南移到广州，德化不再享有地利之便，德化白瓷对欧洲的出口于是全面衰落。然而，在那之前，"中国白"已经通过东印度公司的销售，进入欧洲各大宫廷和私人收藏之中，至今仍可寻到它们的踪迹。英国皇室收藏有 91 件德化陶瓷，绝大部分存于温莎王朝的家族城堡——温莎堡，品种多为 17—18 世纪销往欧洲的器皿和瓷塑。藏品中有一件直径仅 6.5 厘米的白瓷盖盒，镶嵌着英国制作的镀金银扣，盖子里面还镶了一幅英国汉诺威王朝国王乔治三世（1738—1820）的珐琅迷你肖像。盒内有一张字迹模糊的标签，上面写着 "HRH Dss Gloucester"，说明盒子的原主人有可能是乔治三世的女儿、后嫁予格洛斯特（Gloucester）公爵的玛丽公主（1776—1857）。

　　英国皇室收藏的德化白瓷，还有一部分存于英国东南部海滨城市布莱顿。18 世纪中期，一位名叫理查德·罗素（Richard Russel，1687—1759）的医生，大肆推广海水浴的医疗作用，由此推动了这座城市的旅游业发展。若干年后，时任英国摄政王、后来成为汉诺威王朝国王的乔治四世（1762—1830），来到布莱顿治疗痛风。这位以时尚品位出众而闻名的国王，在布莱顿修建了充满异国情调的行宫——"皇家穹顶宫"（Royal Pavilion），内里装饰大秀"中国风"，更陈列了不少货真价实的中国器物，其中就包括德化的罗汉瓷塑、土地公瓷塑、观音瓷塑、狮形香插等。他的藏品中有一对制作于 18 世纪的德化白瓷狮形香插，加了法国制的鎏金镶嵌，被改装成烛台；镶嵌件的腿部，是四只欧洲带翼龙，造型甚为诡异。记录显示，乔治四世于 1800 年 5 月在菲利普斯拍卖行以 8.8 英镑的价格拍下了这对烛台，大概相当于现在的 750 英镑（人民币约 6600 元）。

　　在中国陶瓷上加金属镶嵌，是欧洲大陆流行一时的做法，最初是为了强调当时还是奢侈品的中国瓷器的珍贵。随着东印度公司陶瓷贸易的常规化，中国陶瓷不再为贵族独享，金属镶嵌渐渐成为改造东方器物，使之获得新功能，或融入欧洲风格（尤其是法国洛可可风）室内装饰的手法。当时巴黎一些深谙时尚的商人，从东印度公司的交易点进货之后，会直接对器物重新设计，并聘请匠人进行改装，通过这种"一条龙服务"，将东方陶瓷作为一种全新的、适应巴黎人品位的商品出售。英国国立维多利亚与艾尔伯特博物馆馆藏中有一对制作于 18 世纪初的德化白瓷香薰，被用来放置干花等香料。但看陶瓷本身的器型特点，器身和"盖子"原本应属于两种不同的器皿，在欧洲分别被切割、组合、打孔、镶嵌，获得了另一重身份。

历史上的德化，除了生产青花瓷，还有模仿漳州窑、景德镇窑产品的彩瓷，然而欧洲人似乎只对德化的白瓷情有独钟，除此之外的德化瓷器，在欧洲收藏中数量极少。以英国国立维多利亚与艾尔伯特博物馆为例，馆藏近 200 件德化瓷器中，只有约 1/10 是彩瓷，里面还包括一些运抵欧洲后才上彩的器物。而大英博物馆、英国皇室收藏等收藏机构的德化瓷器，也几乎全是白瓷。为何欧洲人独爱白瓷？说到这个问题，就不得不再次提及前文出现过的奥古斯都二世。这位以力量和野心著称、绰号"强壮者奥古斯都"的国王，十分仰慕法国的路易十四，对凡尔赛宫的华丽奢美歆羡已久。为了模仿"太阳王"，奥古斯都二世在萨克森的德累斯顿大建宫殿，搜罗装饰器物。

18 世纪初，欧洲各国的统治阶层和上流社会建立起众多东方陶瓷收藏。作为国力和地位的象征，以及宫廷文化的重要组成部分，这些陶瓷不但被大量陈设于宫室之内（一些宫廷甚至开拓了专门用于展示东方陶瓷的房间），更常常出现在大型宴会等场合，被主人们当作炫耀排场的道具。彼时，欧洲本地比较常见的是荷兰、意大利等地制作的低温锡釉陶，质地并不适用于盛装从东方引进的可可和茶等热饮。中国和日本陶瓷纯净无瑕而又坚硬致密的白胎，代表着一种神秘的东方材料与技术，引发了欧洲人狂热的模仿，甚至促成了欧洲陶瓷工业的变革。奥古斯都二世统治下的萨克森地区，矿业发达、经济实力雄厚，具备了陶瓷工业发展的必要条件。在奥古斯都二世的指示下，萨克森科学家埃伦弗里德·沃尔特·冯·慈恩豪斯通过分析中国陶瓷样品和不断实验，无师自通地琢磨出陶瓷材料的基本成分，还成功解决了搭建容许高温烧制的窑炉的技术难题。在他去世那一年，炼金术士约翰·弗里德里希·波特格尔在奥古斯都二世的逼迫下接手他的工作，终于"发明"出欧洲最早的硬质白瓷。

在"发明"成功的第二年，奥古斯都二世在迈森创办了皇家陶瓷工厂，揭开了欧洲陶瓷生产工业化的序幕。也是从这个时候开始，奥古斯都二世着手系统性地大量收集东方陶瓷。到他去世那一年（1733），他的藏品数量达到了惊人的 29,000 件。只看 1721 年制作的藏品目录，奥古斯都二世当时已经收集了约 1,250 件德化白瓷，其中有大概 400 多件保留至今，藏于德累斯顿的茨温格宫。这些德化白瓷为迈森的科学实验提供了样本，一些器型更是直接被用作欧洲最早的硬质白瓷的制作模版。迈森陶瓷最初的一部分产品，完全复制了德化白瓷和宜兴陶器的设计，甚至有取德化白瓷造型、又模仿宜兴陶器质感的"杂交（crossover）"品种；及至 1720 年代后期，迈森仍然在仿制德化白瓷的产品。

图6　贴塑梅花纹杯碟组
迈森陶瓷工厂
1726—1727
英国国立维多利亚与艾尔伯特博物馆馆藏

　　英国国立维多利亚与艾尔伯特博物馆有一组原属奥古斯都二世旧藏的贴塑梅花纹杯碟组（图6）。器底的手写编号"N = 397 W"是奥古斯都二世藏品的独特编码。事实上，这套杯碟组正产自迈森陶瓷工厂。有学者认为，这一批产品是迈森厂负责调制瓷土配方的技术人员塞缪尔·施特尔策尔（Samuel Stölzel，1685—1737）制作的试验品。20世纪80年代，这组器物中的杯子曾被该博物馆研究员误认为是德化的产品，而从英国国立维多利亚与艾尔伯特博物馆的陶瓷部，被拨到了亚洲部管理。这段小插曲也充分说明了迈森陶瓷工厂制瓷技术之精，以及受德化影响之深。

在迈森之后，欧洲各国的陶瓷工厂纷纷发展出白瓷生产线，对德化白瓷的仿制更是乐此不疲：法国有活跃于 17 世纪后期至 18 世纪中期的 Saint Cloud 工厂，活跃于 18 世纪中期、甚至一度取代迈森地位的 Sèvres

图 7　火柴瓶
英国 Minton 陶瓷厂
1862 年
英国国立维多利亚与艾尔伯特博物馆藏

工厂；而英国则有活跃于 18 世纪中后期的 Bow 工厂、Chelsea 工厂和 Bristol 工厂（即 Worcester 工厂的前身），等等。

贴塑梅花纹是德化白瓷中最常见的装饰纹样之一，也是被欧洲各大工厂的仿德化白瓷广泛复制的设计。另外一个启发了欧洲陶瓷设计的德化元素，是镂空装饰（也称透雕）。德化瓷土质软，做成的透雕瓷器一般器壁较厚，镂空处雕塑感、立体感尤为强烈。此外，还有一种较为轻薄精致、镂空为连续几何图形的品种，在外销器物中也能见到，成为不少欧洲陶瓷设计的灵感。英国国立维多利亚与艾尔伯特博物馆馆藏编号为"8088—1863"的容器（图 7），被用于盛放火柴或点火用的小木棍，是英国 Minton 陶瓷厂在 1862 年伦敦万国工业博览会上展出的产品，设计几乎完全来自德化的镂空白瓷笔筒，仅在器物口沿和底部加了两圈装饰。这件容器瓷质细腻洁白之极，与德化瓷的质感基本上没有区别，以至于一些专家对其出身至今抱有怀疑。Minton 陶瓷厂以技术革新闻名，复制德化瓷"糯米胎"的质地，或许是这套产品的卖点之一。

以迈森为开端，欧洲陶瓷工业蓬勃发展，渐渐摆脱了对中国陶瓷的依赖，导致中国外销瓷逐步衰落，几成不可挽回之势。直至 19 世纪后期，西方收藏家到远东"寻宝"，第一次见识到何朝宗瓷塑等此前不曾在西方市场出现过的精品，才又重新拾起了对德化白瓷的兴趣。"中国白"就是 19 世纪法国人赋予德化白瓷的美称。

幸运的是，德化白瓷的手工艺与艺术传统，经过数百年传承，并未丧失魅力与生命力。如今，当地很多陶瓷工作室还是以创作传统瓷塑为主，观音、达摩、弥勒佛等雕塑作品颇有古风，甚至连一根发丝、一折衣纹、一朵浪花的造型和技法，都和古人之作无甚差别，令人不免惊叹。

继承之外，新一代德化艺术家也开始尝试突破传统，探索白瓷的种种可能性。英国国立维多利亚与艾尔伯特博物馆馆藏的一尊伏虎罗汉像（图 8），背后有"博及渔人"方印，为德化"蕴玉瓷庄"创办者、晚清著名陶瓷雕塑大师苏学金（号博及渔人）的作品。苏学金的作品大多为儒、释、道题材，得意之作背后多盖有"蕴玉""苏蕴玉制"等印章。1915 年，他以打破传统的一株瓷梅花树，在巴拿马万国博览会上获得金奖，这是德化瓷在近代国际展览评比中第一次获奖。苏学金之子苏勤明，堪称德化瓷雕艺术承先启后的一代大师；苏勤明之子苏玉峰，也在其专注的创作领域颇有建树。"蕴玉瓷庄"的第四代传人苏献忠（苏玉峰之子）在继承家族手艺的基础上，创作了一批实验性十足的作品，包括模糊了面容、衣纹等细节的罗汉像，还有在废弃的国营瓷器厂旧窑砖上创作的瓷"纸"，以颠覆传统的象

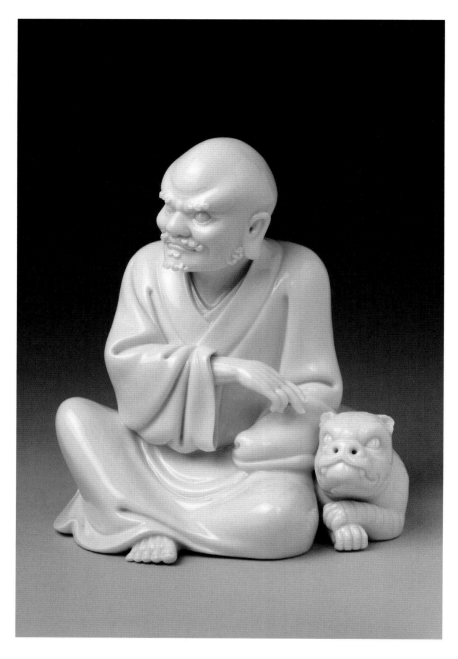

图 8　伏虎罗汉像

苏学金（1869—1919）

德化窑

1880—1919

英国国立维多利亚与艾尔伯特博物馆藏

征主义手法，讲述了一个凤凰从灰烬中重生的故事。

在今天的德化，传统与现代、手工艺与工艺生产共同生存、生长。每年五月，手工艺人和陶瓷厂家一起在本地的祖龙宫祭拜窑神，献上各自的得意产品。白瓷观音像、孔子像与画着圣诞老人的彩盘集于一处，组成一幅奇妙的画面，完美诠释了这个古老"瓷都"的当代轨迹。

宜兴紫砂的西渐

王亮钧

台北"故宫博物院"

"有些事物虽然彼此间毫无关联，却经常只因为我们的连续动作，而将它们的命运绑在一起。"[1]法国当代哲学家德瓦（Roger-Pol Droit）如此描述茶壶与水壶、茶杯之间的关系。想象我们拎起盛有热水的水壶，缓慢地将水注入装有茶叶的茶壶，待茶味释放、茶香溢散，再将茶汤倒入茶杯。这一连串泡茶、取得茶汤的过程，使原本各自独立的事物，被紧扣成一组命运共同体。在这当中，茶壶扮演着至关重要的角色。因为它既拥有封闭的壶身，以让茶叶浸泡；亦提供对外的壶流，以利茶汤出汤。英国国立海事博物馆藏（National Maritime Museum）藏制作于17世纪末、壶流与壶盖经欧洲人改制的"荆溪制"款紫砂梨形壶（图1），[2]可能是与托售的茶叶一同被寄至欧洲，以便当地人试饮。17世纪开始，各国的东印度公司陆续抵达"亚洲海域"展开贸易，[3]使产自中国的紫砂器，随着茶叶的出口输往欧洲。[4]起初，这偶然被携往地球彼岸的紫砂器，日后不仅成为欧洲茶桌上的器具、静物画的题材，甚至引发多个地区的窑场陶人进行仿制，[5]并刻划出迎合当地品位的红陶制品，与欧洲人的生活逐渐交织。

时值17世纪后半叶，欧洲的饮茶风尚已渗入不同阶级、性别与贫富之人的生活缝隙。[6]随着饮茶人数增加，荷兰代尔夫特、英国斯塔福德郡（Staffordshire）及德国迈森等地窑场，皆竞相仿烧紫砂器，以满足与日俱增的茶器需求。当我们任意挑拣，销往欧洲的紫砂器（图2）或上述欧洲窑场制作的红陶（图3），大多可见仿如立体浅浮雕的纹饰。此种装饰风格，既见于中国陶瓷传统的模印贴花，同时又与古罗马的亮红陶（Terra

图1　紫砂梨形壶
宜兴窑
17 世纪末
英国国立海事博物馆藏

图2　紫砂贴花牡丹纹六方壶
宜兴窑
17 世纪末至 18 世纪初
中国香港茶具文物馆藏

Sigillata）外模模印（图4），有着令人惊呼的相似性。谢明良曾提示，紫砂器对于欧洲人而言，"到底是带有异国情调的东方文物，抑或当它是模仿古罗马陶器的亚洲版亮红陶？"[7] 换言之，当与紫砂器相遇，欧洲人也许不单视其为来自东方的饮茶器具，亦可能召唤自身熟稔的传统——罗马亮红陶，予以联想。

宜兴紫砂的西渐，翻开了17—18世纪中欧陶瓷交流史的新页。与此同时，欧洲正值巴洛克时期（Baroque），各地君王颇为崇尚古典之风，也就是所谓的古希腊罗马时期。本文即尝试将销往欧洲的紫砂器，置于此氛围，探索其与罗马亮红陶、希腊陶器之间可能有过的联结。咀嚼与反刍原本毫无干系的事物，或许出于外观的雷同，产生跨时代、地域的巧妙结合。

图3　红陶贴花梅纹壶
　　　荷兰代尔夫特窑
　　　17世纪末
　　　荷兰国立博物馆藏

图4　罗马亮红陶花卉纹钵
　　　1世纪
　　　英国大英博物馆藏

一、宜兴紫砂与罗马亮红陶——兼谈前者于欧洲的名称[8]

所谓的紫砂器，为明中叶迄今，产自中国江苏宜兴地区，以紫砂泥料、用"打身筒"或"镶身筒"等技法成形的器物。[9] 器表多不挂釉，而是通过"明针"工艺让坯体紧实，使器表烧成后略带细腻光泽；所谓的罗马亮红陶，为罗马帝国初代皇帝奥古斯都（Gaius Julius Caesar Augustus，前27—14）

于意大利等地，以模制等方式制作而成的红色陶器。该类作品待素坯成形后，浸泡于类似釉药的精致泥浆，以致出窑后拥有光亮的外表。2000 年，帕特里斯·万福莱（Patrice Valfré）出版的《销往欧洲的宜兴茶壶》（*Yixing Teapots for Europe*）一书，[10] 奠定了迄今研究销往欧洲的紫砂器有关作品年代、议题方向的基础架构。当时，作者已敏锐地指出，紫砂器与罗马亮红陶于红色土胎、光亮器表与装饰技法等相类之处。[11] 近期，谢明良则说明，除了胎色、浮雕式装饰，紫砂器的连续式球纹及葡萄花叶纹，分别为拜占庭王朝与古希腊罗马工艺品常见的纹样。[12] 其实，紫砂器贴饰的展翅凤凰（图 5），亦与希腊陶瓶所绘神话中的佩加索斯（Pegasus，图 6）略似。若进一步对照，紫砂器缠枝牡丹纹的布局（同图 2），则与罗马亮红陶呈波浪状的植物涡卷纹（同图 4）接近。

另一方面，紫砂器之所以与罗马亮红陶产生扣连，尚有一关键原因，在于绝大多数 18 世纪欧洲的收藏目录，以 "Terra Sigillata" 称呼紫砂器。[13] 最著名的例子，莫过于爱好瓷器成痴的弗里德里希·奥古斯都二世的收藏记录。其为数不少的紫砂器，在 1721 年账册清单中，被划分于 "Terra Sigillata"

图 5　紫砂贴花凤凰纹六方提梁壶
宜兴窑
17 世纪末至 18 世纪初
私人收藏

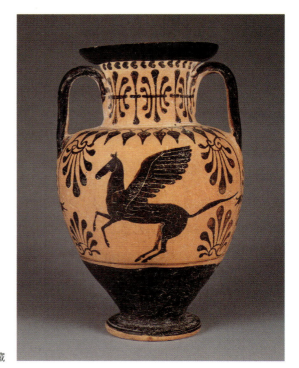

图 6　希腊黑像式安夫拉陶瓶
公元前 1 世纪
美国保罗·盖蒂博物馆藏

项下，揭示了两者的关系。万福莱指出，时人并不清楚紫砂器来自何方，但因之外观与罗马亮红陶相似，而定名为"Terra Sigillata"。[14] 姑且不论生产年代、产地来源及成形方式，就外在特征来说，确实颇易使人将两者联想。

　　或许是出于奥古斯都二世对紫砂器的喜爱，及其对瓷器发明的渴望，1707—1708 年，德国炼金术士约翰·弗里德里希·波特格尔已于萨克森德累斯顿，试验所谓的"波特格尔红陶"（Böttger - Stoneware）。几年之后，1710 年 1 月 24 日，奥古斯都二世颁给迈森窑生产的许可证时，说道："承蒙天恩，我，国王弗里德里希·奥古斯都，经此旨宣告，使用此种在本国领土内储量丰富的原料，可制造出品质超越那些用赤色陶土（Terra Sigillata）制作的印度红陶壶。"[15] 透露出，波特格尔红陶的原料取得无虞，成品已然胜过"印度红陶壶"，以及"Terra Sigillata"是用来描述后者的制陶原料；同一年，波特格尔红陶开始于展览会展示及贩卖。1710 年 5 月 14 日，莱比锡（Leipzig）报章报道："第五类是比较便宜的器具，有点像东印度赤色陶器（East India Terra Sigillata），独特含蓄的外形却自成一格，看来比较像红蜡而不像泥，而且特别坚固耐用，如果加以修饰及打磨，直可媲美东印度陶器（East India Ware）。"[16] 从文意判断，"东印度赤

图7 紫砂贴花竹梅纹双流壶
宜兴窑
17 世纪末至 18 世纪初
丹麦国立博物馆藏

色陶器"似与"东印度陶器"同义，而可推知此处的"Terra Sigillata"是一种品类的称呼。

历经欧洲皇室庋藏、至今流传有序的紫砂器，除奥古斯都二世之外，丹麦国王弗雷德里克三世（Frederic III，1609—1670）的三件紫砂器，以及德国安东·乌尔里希公爵（Anton Ulrich，1633—1714）与妻子伊丽莎白·尤利亚妮（Elisabeth Juliane，1634—1704）的50件紫砂器，亦属颇受学者们关注的珍贵收藏。前者被收于丹麦国立博物馆（National Museum of Denmark），并以模印贴花、带有对置双流的提梁壶（图7），最受注目。1656年，外交官彼泽·夏里修斯（Peder Charisius，1608—1685）在与弗雷德里克三世确认后者的收藏时，提及："一把罕见的东印度壶，以独特的赤色陶土（Terra Sigillata）制成，并有一个以镀金链系着的壶盖，壶上各处用镶金作装饰。"[17]长久以来，学者们深信文中所指，即贴花双流壶。然而，时任弗雷德里克三世御医的西莫尼斯·保利（Simonis Paulli）1665年所著《烟草、茶、咖啡与巧克力论》（*A Treatise on Tobacco, Tea, Coffee, and Chocolate*），插图仅描绘了另外两件紫砂壶（图8），所以1656年描述之作，可能为紫砂菱花形壶（图9），只是原镶饰已佚。[18]值得留意的是，该壶同样被认为是以"赤色陶土"制成；后者收于安东乌尔里希美术馆（Herzog Anton Ulrich-Museum），在展示异域茶具的"日本屋"记录中，紫砂器以拉丁文描述如下："用以沏茶的壶，以红色和棕色的赤色陶土（Terra Sigillata）制成，并饰以黄金。"[19]它特别说明了，制成茶壶的"赤色陶土"细分有两种颜色。从上述可知，"Terra Sigillata"一词，有时被用以代称紫砂器，有时则用于描述其原料。[20]之所以如此，可能正如过往学者及本文强调般，在于紫砂器与罗马亮红陶外观相近的缘故吧。

依据上述引文，可见紫砂器在欧洲的名称相当多样，除了"Terra Sigillata"之外，还可见如"东印度陶器"（East India Ware）、"东印度壶"（East Indian Pot）等。1678年，荷兰代尔夫特的兰伯特斯·克莱夫斯（Lambertus Cleffius，？—1691）对外发表的广告："众所周知，代尔夫特米塔伦陶艺作坊的著名陶瓷大师兰伯特斯·克莱夫斯，在1672年发现了仿制印度瓷器的方法，在此同时，他也持续在制作红色茶壶及其他泥色茶壶的技术方面投入研究，无论是泥色、手工、坚硬度及实用价值都不逊于印度茶壶，已臻炉火纯青的境界。"[21]隔年，亦为代尔夫特陶人的米尔德（Ary de Milde，1636—1708）与萨穆埃尔（Samuel van Eenhoorn，1655—1685）对外宣称发现了"仿制及复制东印度茶壶的方法，其价值与品质绝不逊于真品"，[22]同样提及紫砂的产地——（东）印度，并指出其用途——茶壶。看似纷杂多样的名称，不约而同有着统一的共通点，即"（东）印度"。此关键字所能提示的，应该是绝大多数的欧洲人，仅模糊、笼统地知道紫砂器的产地。因为，对于当时的欧洲人来说，所谓的"（东）印度"，涵盖了非洲南端好望角到麦哲伦海峡沿岸的各地区。[23]

应予一提，欧洲近代文献当中，还曾以"Boccaro"一词代称紫砂器。

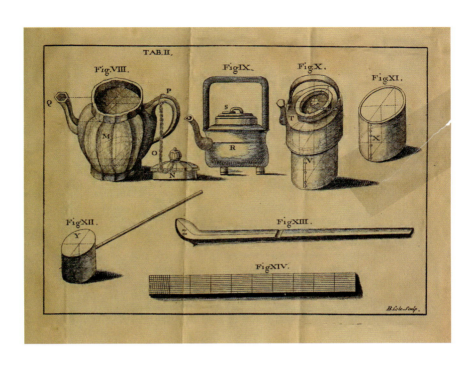

图 8 《烟草、茶、咖啡与巧克力论》插图
1656 年

图 9 紫砂菱花形壶
宜兴窑
17 世纪中叶
丹麦国立博物馆藏

1911 年，爱德温·阿特利·巴柏（Edwin A. Barber，1851—1916）探讨销往欧洲的紫砂器时，以所谓的"Chinese Boccaro Ware"称之；[24]1937 年，杰佛瑞·赫德利（Geoffrey Hedley）补充，"Boccaro"为葡萄牙人自拉丁美洲带回的红色陶器。[25]然而，近期陈国栋指出，该类陶器应由西班牙人自墨西哥携返，并提示现今尚无足够信息解释"Boccaro"与西班牙人的关系。[26]由此而言，"Boccaro"语源及其与紫砂器的关联性，仍为有待解决的问题。

二、宜兴紫砂与希腊陶器——从异色贴花谈起

展读荷兰东印度公司的档案，1697 年由福建漳州运抵巴达维亚"七箱朱泥茶壶"，次年由中国澳门出口"320 件花纹朱泥茶壶"……T. 沃克认为所谓的"朱泥茶壶"即紫砂器，"花纹朱泥茶壶"为贴饰有花卉纹的紫砂器。[27]1697 年，沉没于南非开普敦（Cape Town）的奥斯特兰沉船（Oosterland Shipwreck），出水的贴花紫砂器可见梅花、凤凰、云鹤等题材；[28]1713年，由锡兰（Ceylon）返回荷兰途中，失事于南非东岸的本纳布鲁克沉船（Bennebroek Shipwreck），打捞物品亦包含贴塑梅纹的紫砂器，[29]或皆能作为 T. 沃克推测的佐证。相较于素面无纹，此类更显繁复、具装饰性的紫砂器，以往仅见于东印度公司沉船及欧洲宫廷旧藏，被认为是专门销往欧洲、顺应当地审美趣味之作。[30]值得留意的是，也正因紫砂器模印贴花的浮雕式装饰，而让欧洲人将其与罗马亮红陶产生联结。

模印贴花的紫砂器于欧洲地区，几经使用、流通乃至收藏，部分曾被加工改制、金工镶饰与施以金彩，呈现出不同的样貌。以金彩而言，欧洲宫廷旧藏当中，可见不少这类例子，绝大多数描绘于贴花之上（图 10）。一般来说，倘若紫砂器的贴花以与胎体相同的泥料制成，纹饰虽已突起、高于器表，但因颜色缺乏对比，有时细节与轮廓会隐没于背景之中。因此，当贴花被施以金彩，纹饰不仅更显富丽，细节亦得以呈现。欧洲窑场生产的红陶制品，同样可见后饰金彩的情形。约莫制作于 1716 年、形制源于希腊陶器（同图 6）的波特格尔红陶贴花大瓶（图 11），即以金彩描绘瓶身贴塑；原为荷兰金银工匠的戴维斯·厄尔斯（Davis Elers，1656—1742）及飞利浦·厄尔斯（Philip Elers，1664—1738），曾追随英国约翰·德怀特（John Dwight，1635？—1703）制陶。随着后者控诉前者侵害炻器专利，两兄弟因而移至英国斯塔福德郡，促成当地开始生产红陶。从传世实物可知，厄尔斯兄弟作坊烧制于 17 世纪末的红陶

图 10 紫砂金彩贴花葡萄叶纹壶与杯

紫砂器：宜兴窑

金彩：欧洲

17 世纪末至 18 世纪初

德国国立德累斯顿艺术收藏馆藏

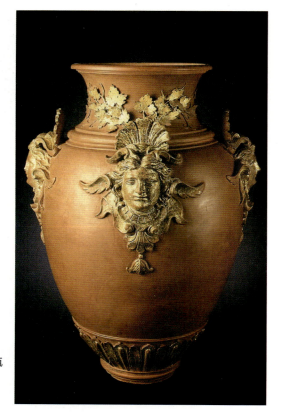

图 11 波特格尔红陶金彩贴花大瓶
迈森窑
18 世纪初
私人收藏

六方壶[①]，壶身经外模模印凸起的纹饰，并未施绘金彩，反倒背景满饰。但总的来看，无论金彩描绘于贴花或地色，以直接或烘托方式，皆使原本暗沉基调的纹饰更加显现。

其实，宜兴陶人曾以异色泥料，营造出紫砂器贴花与胎体的对比效果。1751 年，荷兰籍海尔德马尔森沉船（*Geldermalsen Shipwreck*）紫砂贴花龙纹壶（图 12），龙纹贴塑以黄白泥料制成，较之同类制品但为同色贴花之作，纹饰显得突出许多。传世还可见与其相类、贴花及地色颠倒的作品（图 13）。有关异色贴花于紫砂器的应用，笔者曾据日本宽文三年（1663）长崎筑町遗迹的异色泥料紫砂残盖，提示此种技法或能上溯至 17 世纪末，并沿用至 18 世纪中叶。[31]事实上，奥古斯都二世 1721 年账册所录紫砂器，即包含异色贴花的桃形壶（图 14）。因此，不排除 17 世纪末至 18 世纪初，东印度公司商船已将异色贴花的紫砂器从中国运载回国，间接启发欧洲人

---

① 图版参见：https://collections.vam.ac.uk/item/O77921/teapot-elers-david-and/（检索日期：2021/10/4）。

图 12　紫砂贴花龙纹壶
宜兴窑
18 世纪中叶
海尔德马尔森沉船出水

图 13　紫砂贴花龙纹竹节壶
宜兴窑
18 世纪中叶
私人收藏

图14　紫砂贴花梅纹桃形壶
宜兴窑
17 世纪末至 18 世纪初
德国国立德累斯顿艺术收藏馆藏

为凸显紫砂器、欧洲红陶的纹饰，所采取后饰金彩的举措。或许这就是为什么，同类制品的紫砂器，可见同色贴花（图 15）、异色贴花（图 16）乃至后饰金彩（图 17）的情况。

　　另外，18 世纪英国斯塔福德郡窑② 及 19 世纪捷克席勒·戈宾公司（Schiller & Gerbing）生产的红陶壶（图 18），更是直接袭仿紫砂器异色贴花的装饰方式。后者形制可溯自奥斯特兰沉船紫砂六方提梁壶一类作品，[32] 约莫同一时期，捷克其他公司曾生产相同造型，但为同色贴花之作（图 19）。[33] 有趣的是，其壶身龙纹及狮钮出窑后，被加工髹以黑漆，与红色胎体产生对比。此种配色，不由得使人想起，以黑红色差使纹饰突出的希腊陶器（同图 4）。无独有偶，英国约书亚·斯波德（Josiah Spode，1733—1797）作坊，同样制作于 19 世纪的红陶贴花六方狮钮壶（图 20），造型源于海尔德马尔森沉船紫砂六方狮钮壶（图 21）一类作品。[34] 其黑色贴花与红色胎体的对比效果，不仅与希腊陶器（同图 4）相像，环绕壶肩的忍冬纹贴塑，更是挪移了后者的装饰纹样。上述作品虽与紫

② 图版参见：https://collections.vam.ac.uk/item/O71127/teapot-and-cover-unknown/（检索日期：2021/10/4）。

图 15　紫砂贴花牡丹纹狮钮壶
宜兴窑
17 世纪末至 18 世纪初
德国国立德累斯顿艺术收藏馆藏

图 16　紫砂贴花牡丹纹狮钮壶
宜兴窑
17 世纪末至 18 世纪初
私人收藏

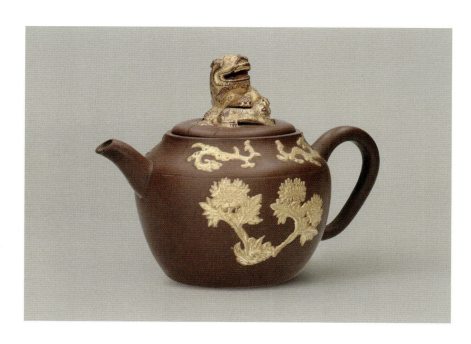

图 17　紫砂金彩贴花牡丹纹狮钮壶

宜兴窑

17 世纪末至 18 世纪初

私人收藏

图 18　红陶贴花龙纹六方提梁壶

捷克红陶

19 世纪

私人收藏

图 19　红陶黑漆贴花龙纹六方提梁壶

捷克红陶

19 世纪

私人收藏

图 20　红陶贴花忍冬纹六方狮钮壶
英国红陶
19 世纪
私人收藏

图 21　紫砂六方狮钮壶
宜兴窑
18 世纪中叶
海尔德马尔森沉船出水

砂器的形制类似，却借鉴希腊陶器的配色与纹饰，构筑出不同的样貌。

　　早在17—18世纪，欧洲地区的窑场陶人已烧制出汲取古典时期纹饰、造型的红陶制品。举例来说，17世纪末至18世纪初，荷兰米尔德作坊生产的红陶，以古希腊罗马工艺品的纹样——忍冬纹间以奔兽——作为装饰题材；[35]18世纪初，迈森窑的波特格尔红陶钟形器（图22），造型源自盛装葡萄酒与水的希腊陶器（图23）；18世纪英国约书亚·韦奇伍德（Josiah Wedgewood，1730—1795）作坊，以黑陶彩绘红色颜料的方式（图24），忠实地模仿希腊陶瓶。在此想补充的是，英国艾尔斯福德公爵四世（Earl of Aylesford IV，1751—1812）曾收藏超过60件的紫砂器。1784年，他装饰帕金顿庄园（Packington Hall）壁炉时，原打算采用意大利风格，最后却以庞贝为题。学者指出，应该是为了妥善摆放其希腊陶瓶之故。[36]珍藏的紫砂器因胎体颜色与希腊陶瓶相类，而被放置在一起。[37]尽管目前已无从得知艾尔斯福德公爵四世所藏希腊陶瓶、

图22　波特格尔红陶金彩钟形器
迈森窑
18世纪初
私人收藏

图 23　红像式钟形器
　　　希腊
　　　公元前 1 世纪
　　　意大利奥尔维耶托
　　　（Orvieto）出土

图 24　黑陶加彩安夫拉陶瓶
　　　英国约书亚·韦奇伍德窑
　　　18 世纪
　　　美国费城艺术博物馆藏

紫砂器的具体面貌，但可设想的是，应紫砂器而生的欧洲红陶，似乎成为欧洲人追求古希腊罗马艺术的最佳媒介。

三、小结

17—18世纪，当紫砂器随着东印度公司的商船抵达欧洲，该地正弥漫着一股对古典时期风尚的憧憬。法国国王路易十四（Louis XIV，1638—1715）用尽各种办法，成为"太阳王"；奥古斯都二世曾扮演太阳神阿波罗（Apollo），有时为英雄赫拉克勒斯（Heracles）。[38]紫砂器，作为来自"（东）印度"的舶来品，由于胎体颜色、光亮器表、装饰技法、纹饰样式与布局等诸多特征，而让欧洲人将之与罗马亮红陶联结，以"Terra Sigillata"一词，作为紫砂器及其制陶原料的名称。不过，当欧洲各地窑场陶人逐渐掌握红陶烧制的秘诀，却对于追摹罗马亮红陶一类制品感到兴趣欠缺，反倒致力模仿紫砂器、希腊陶器的造型与装饰，此一现象值得予以留意。最后，应予一提的是，虽然同是欧洲地区，然而各地陶人对于紫砂器、希腊陶器的模仿与创新，存在着不同方式、时间历程。囿于笔者掌握的资料，本文采取的途径，仅粗略地将纷杂多元的情形化为单一、直线式的讨论，还请读者见谅，但问题的提出，望能抛砖引玉。

笔行至此，或许可以把本文开头引用的句子，如此改写："17世纪以前，紫砂器与欧洲人的生活毫无关联，却因为东印度公司的扩张、茶叶的贸易，而将它们的命运绑在一起。"短短的几十年内，紫砂器对于饮茶风尚的催生、欧洲窑业的兴起，着实扮演着关键的角色。但讽刺的是，也正因欧洲各地窑场日渐得以生产，与紫砂器媲美、更加符合当地品位与使用方式的红陶与白瓷，使紫砂日渐淡出欧洲人的日常生活。[39]值得反思的是，在这不到百年的时间里，对于欧洲人而言，紫砂器或许不仅是"东印度茶壶"，同时也可能是"亚洲版亮红陶"，诱引出自身对于古希腊罗马艺术的想望。

本文为笔者硕士学位论文《清宫传世紫砂壶及相关问题》（中国台湾，台湾大学艺术史研究所，2015）第二章第一节的内容，后经增补、修改而成。论文写作期间与本文改写阶段，谢明良教授皆给予提点及帮忙，谨此感谢。本文若有任何疏漏、错误，笔者自负文责。

〔1〕 [法]Roger-Pol Droit. 51种物恋[M].颜湘如，译. 台北：大块文化出版股份有限公司，2004：102.

〔2〕 转引自：陈国栋.欧洲贸易、茶文化与紫砂壶[C]//紫砂漫游 聚焦台湾. 新北：新北市立莺歌陶瓷博物馆，2019：28（图9）.

〔3〕 所谓的"亚洲海域"，涵盖印度洋、南中国海、东中国海在内的海域，参见：[日]羽田正.东印度公司与亚洲的海洋[M].林咏纯，译.新北：八旗文化，2018：19.

〔4〕 Geoffrey Hedley, "Yi-hsing ware," *Transactions of the oriental ceramic society*, 1936-1937, p. 85.

〔5〕 相关研究参见：Edwin A. Barber, "So-Called 'Red Porcelain,' or Boccaro Ware of the Chinese, and Its Imitations," *Bulletin of the Pennsylvania Museum*, vol. 9, No. 34（1911）, pp. 17-23; Patrice Valfré, *Yi xing: Teapots for Europe*, Exotic Line Publications, 2000, pp. 121-123；黄健亮.壶里壶外——从工艺视角浅谈各地的紫砂追摹与创新之路[C]//紫砂漫游 聚焦台湾. 新北：新北市立莺歌陶瓷博物馆，2019：34—47；[法]Patrice Valfré.宜兴紫砂陶对欧洲的影响[M].施云乔，译. 香港：中国文化出版社，2017.

〔6〕 有关欧洲人饮茶文化的介绍，参见：陈国栋.欧洲贸易、茶文化与紫砂壶[C]//紫砂漫游 聚焦台湾. 新北：新北市立莺歌陶瓷博物馆，2019：23—26.

〔7〕 谢明良."球纹"流转——从高丽青瓷和宋代的球纹谈起[J].台北："故宫学术季刊"，2019（4）：36.

〔8〕 Patrice Valfré曾爬梳紫砂器在欧洲的名称，参见：Patrice Valfré, *Yixing: Teapots for Europe*, pp. 120-121。

〔9〕 紫砂器成形技法的介绍，参见：中国香港艺术馆编制.宜兴陶艺——茶具文物馆罗桂祥珍藏[M]. 香港：香港市政局，1990：244—249.

〔10〕 中译本参见：[法]Patrice Valfré.销往欧洲的宜兴茶壶[M].施云乔，译. 杭州：西泠印社出版社，2015.

〔11〕 Patrice Valfré, *Yixing: Teapots for Europe*, pp. 121-123。

〔12〕 谢明良."球纹"流转——从高丽青瓷和宋代的球纹谈起[J].台北："故宫学术季刊"，2019（4）：136.

〔13〕 [德]Eva Ströber.欧洲的宜兴紫砂器[C]//紫玉暗香：2008南京博物院紫砂珍品联展.南京：江苏文艺出版社，2008：162.

〔14〕 Patrice Valfré, *Yixing: Teapots for Europe*, p. 121.

〔15〕 原文："By the Grace of God, We Frederic-Augustus, declare by this decree that by using materials which are abundant within our States, we are able to produce the type of red pot which would surpass those from the Indies and which are made of terra sigillata." 引自：Patrice Valfré, *Yixing: Teapots for Europe*, p. 100.中译本将此处的"Terra Sigillata"译作"红精陶"，参见：

[法]Patrice Valfré.销往欧洲的宜兴茶壶[M].施云乔, 译. 杭州: 西泠印社出版社, 2015: 31.

〔16〕 原文: "Fifthly, there is the cheaper ware, which to some extent resembles East India terra sigillata. It differs, however, from that ware by its extraordinary subtle form. It looks more like red wax than clay, and is also distinguished by its hardness and durability. These vessels can be made to resemble East India ware by additional cutting and polishing." 引自: Otto Walcha. *Meissen Porcelain*（New York, 1981）, p.19.转引自: [美]Donald Rabiner.宜兴陶艺西渐[C]//宜兴陶艺——茶具文物馆罗桂祥珍藏[M].香港, 1990: 99（注31）。另, 中译稿将此处的 "Terra Sigillata" 译作 "陶器", 参见第111页。

〔17〕 原文: "An East Indian rare pot of a peculiar terra sigillata with a lid attached to a gilt chain, and here and there decorated with gold mounts, …" 引自Bente Dam Mikkelsen, *Ethnographic Objects in the Royal Danish Kunstkammer 1650-1800*, Nationalmuseet , 1980, p. 170。

〔18〕 Patrice Valfré, *Yixing: Teapots for Europe*, pp. 134-135.

〔19〕 原文: "pots to prepare tea made of red and brown terra sigillata, adorned with gold." 引自: [德]Eva Ströber.欧洲的宜兴紫砂器[C]//紫玉暗香: 2008南京博物院紫砂珍品联展.南京: 江苏文艺出版社, 2008: 162。中译稿将此处的 "Terra Sigillata" 译作 "赤陶", 参见第151页。

〔20〕 Patrice Valfré指出, "Terra Sigillata" 一词也用于称呼 "深红色、带有装饰的瓷器", 参见: Patrice Valfré, Yixing: *Teapots for Europe*, p. 121。

〔21〕 原文: "Be it known to all that Lambertus Cleffius, master potter in the pottery of De Metalen Pot [The Metal Pot] as Delft, in the year 1672, having discovered the process for imitating Indian Porcelains, as is well known to all, has also since that time been engaged in the making of red teapots as well as ones of other colours, and now has brought these to such perfection that in colour, craftsmanship, strength and functionality, they yield nothing to the Indian teapots." 引自C.H. de Jonge, *Oud-Nederlandsche Majolica en Delftsch Aardewerk* , The Hague , 1947, p. 254.转引自: [美]Donald Rabiner.宜兴陶艺西渐[C]//宜兴陶艺——茶具文物馆罗桂祥珍藏[M].香港, 1990: 9（注14）。

〔22〕 原文: "discovered how to imitate and reproduce the East Indian teapots in such a way that these imitations are in no way inferior in value or quality to the genuine one." 引自: C.H. de Jonge, *Oud-Nederlandsche Majolica en Delftsch Aardewerk* , p. 256. 转引自: [美]Donald Rabiner.宜兴陶艺西渐[C]//宜兴陶艺——茶具文物馆罗桂祥珍藏[M].香港, 1990: 99（注16）。

〔23〕 [日]羽田正.东印度公司与亚洲的海洋[M].林咏纯, 译.新北: 八旗文化,

2018：21—22.

〔24〕 Edwin A. Barber, "So-Called 'Red Porcelain,' or Boccaro Ware of the Chinese, and Its Imitations," pp. 17-23.

〔25〕 Geoffrey Hedley, "Yi-hsing ware," p.74.

〔26〕 陈国栋.欧洲贸易、茶文化与紫砂壶[C]//紫砂漫游 聚焦台湾.新北：新北市立莺歌陶瓷博物馆，2019：26.

〔27〕 T. Volker, *Porcelain and the Dutch East India Company*（Leiden, 1971），p.p. 167,216.

〔28〕 Jane Klose, "Oriental ceramics retrieved from three Dutch East India Company ships wrecked off the coast of southern Africa: the Oosterland （1697）, Bennebroek（1713） and Brederode（1785），" *Transac-tions of the oriental ceramic society*, vol. 64（1999-2000），p. 69, fig. 5.

〔29〕 Jane Klose, "Oriental ceramics retrieved from three Dutch East India Company ships wrecked off the coast of southern Africa: the Oosterland （1697）, Bennebroek（1713） and Brederode（1785），" p. 77, fig. 12.

〔30〕 [荷]Christiaan Jörg.东方瓷艺与荷兰德尔夫特陶瓷[M].香港：香港市政局，1984：98（图53对于"茶壶"的解说）；[法]Patrice Valfré.宜兴紫砂陶对欧洲的影响 [M].施云乔，译. 香港：中国文化出版社，2017：124、128；黄健亮.十七十八世纪外销欧洲紫砂壶的风格与特征[C]//紫玉暗香：2008南京博物院紫砂珍品联展，2008：173。笔者曾提示，模印贴花的紫砂器虽以欧洲地区最为常见，但亦出土于日本、琉球与台湾等地，参见：王亮钧.日本出土的紫砂器及其相关问题[J]台北："故宫学术季刊"，2018（4）：124—125。

〔31〕 王亮钧.日本出土的紫砂器及其相关问题[J]."故宫学术季刊"，2018（4）：124—125.

〔32〕 [法]Patrice Valfré.宜兴紫砂陶对欧洲的影响[M]. 施云乔，译. 香港：中国文化出版社，2017：197.

〔33〕 该壶曾被认为是捷克席勒·戈宾公司的产品，参见黄俊嘉《紫砂漫游 聚焦台湾》第145页对于"红陶狮钮六方提梁壶"的解说。然而，其器底压印WS.S.，与席勒·戈宾公司常见的S&G或S&C不同，不排除为捷克其他公司所制。

〔34〕 [法]Patrice Valfré.宜兴紫砂陶对欧洲的影响[M]. 施云乔，译. 香港：中国文化出版社，2017：68.

〔35〕 [美]Donald Rabiner.宜兴陶艺西渐[C]//宜兴陶艺——茶具文物馆罗桂祥珍藏.香港：1990：109.

〔36〕 Marcus Binney, "Packington Hall, Warwickshire-III," *Country Life*, 23 July,1970, p. 228.转引自Phillip N. Allen, "Yixing export tea wares of the 17th and 18th centuries," *Transactions of the oriental ceramic society*, 1988-

1989, p. 90.

〔37〕 Phillip N. Allen, "Yixing export tea wares of the 17th and 18th centuries," p. 90.

〔38〕 故宫博物院编.白鹰之光：萨克森——波兰宫廷文物精品集（1670—1763）[M].北京：紫禁城出版社，2009：29.

〔39〕 Phillip N. Allen认为，紫砂器销往欧洲的市场之所以失败，肇因于单调的泥料颜色无法与多彩的瓷器相抗衡，参见：Phillip N. Allen,"*Yixing export tea wares of the 17th and 18th centuries*," pp. 87–92.陈国栋则提出，源自东方茶文化的紫砂器，由于与欧洲人饮茶的方式不同而失去舞台，参见：陈国栋.欧洲贸易、茶文化与紫砂壶[C]//紫砂漫游 聚焦台湾.新北：新北市立莺歌陶瓷博物馆，2019.

中国外销瓷在欧洲的改装和重饰：
以 18 世纪法国金属镶嵌为中心

刘朝晖、崔璨

复旦大学

一、引言

　　明清时期，大批中国外销瓷输入欧洲，其中部分瓷器在欧洲会被改造和重新加以装饰，成为一种复合的器物。镶嵌金属附件是其中最常见的手段，这是一种将金属制成的附件加装、嵌入另一器物（本文中是指中国瓷器）的特殊工艺。欧洲对中国瓷器的金属镶嵌，盛行于 17—18 世纪，尤以法国至为丰富，并在欧洲产生了辐射性的影响 [1]。

　　这是一个值得研究者关注的有趣现象。它不仅仅是中国瓷器与欧洲金属附件的组合，而且是观察和讨论"跨文化交流"的典型样本：我们可以将中国瓷器作为主体，将镶嵌瓷视作改装后的产物；也可以站在西方整体装饰的脉络下，将中国瓷器视为一种被镶嵌的介质，以此阐发东方物品进入西方文化的可能途径。作为一种异域元素，中国瓷器在欧洲的重新改造，与当时欧洲社会风尚、装饰风格和东方想象密切相关。这些被改造的中国瓷器，为我们理解中国产品适应欧洲文化提供了一种讨论的路径。

　　本文将回顾中国瓷器在欧洲的改装历史，并以法国为例，梳理 18 世纪法国对中国瓷器进行金属镶嵌的方式和发展演变，探讨这些被改装的瓷器的功用，分析改装目的，并试图解析这些改装思路变化背后的文化意涵。

二、中国外销瓷在欧亚地区的改装与重饰

古代中国瓷器通过贸易、外交等途径在全球范围内流通，在被接受的过程中，也会因为消费地的审美风尚、生活习俗，在当地被重新装饰和加以改造。这种现象在东亚地区相对少见，但在中东和欧洲地区则十分流行，且类型多样，特色鲜明。最常见的手法有用金属附件加以镶嵌和在瓷器上再次进行彩绘。可以说，对中国外销瓷进行"再加工"，在欧亚大陆有着悠久传统。

（一）中东地区

伊斯兰世界对中国瓷器的再装饰，集中在 16—18 世纪，这与欧洲对中国瓷器加以再装饰的时期大致相同。

镶嵌金属附件的做法，是伊斯兰世界对中国瓷器进行重饰的主要方式。[2]"16—17 世纪，这些附件多用作修缮破裂的瓷器，或改变瓷器的功能。

图 1　长椭圆形文具盒[①]

15 世纪末或 16 世纪初

16 世纪末被奥斯曼工匠加装花形金托和红宝石，文具盒盖与盒身以金铰链连接。

土耳其托布卡普宫藏（TKS 15/894）

---

① 参见：[土耳其] 爱赛郁秋克主编.伊斯坦布尔的中国宝藏[M].伊斯坦布尔：土耳其外交部，2001：中国瓷器在奥斯曼人生活中的地位（[土耳其]艾斯·尔多度.撰文）。

至 18 世纪，则大多是纯装饰。"[3]

　　另外，将宝石镶嵌在中国瓷器上，是伊斯兰世界对中国瓷器进行再装饰时一种非常独特的手法。宝石镶嵌在伊斯兰世界是一种专门的工艺，且专

图2　左：作品描绘了 1720 年阿赫麦德三世为四个儿子举行割礼的场景。庆典首日，太监总管贝希尔阿
　　　呈现给苏丹的贺礼为一件宝石镶嵌的中国白瓷碗。
　　　土耳其托布卡普宫藏
　　　右下：左图细部。
　　右上：宝石镶嵌白瓷碗，与图像上极为相似，或即为庆典所呈该件[2]。
　　　土耳其托布卡普宫藏（TKS 15/2762）

────────────────────

② 参见：[土耳其] 爱赛郁秋克主编.伊斯坦布尔的中国宝藏[M].伊斯坦布尔：土耳其外交部，
2001：中国瓷器在奥斯曼人生活中的地位（[土耳其]艾斯·尔多度.撰文），第109—111页。

图3 青白瓷碗底瓷片。碗内心青白釉上加绘伊斯兰虹彩。
北宋
埃及福斯塔特遗址出土
日本出光美术馆藏，刘朝晖摄。

属于宫廷。"16世纪下半叶，这门工艺已发展成独立的艺术。据记载，负责将宝石镶嵌在中国瓷器上的匠师被称作'瑟哲'（金饰匠）和'瑟尼参哲'（镶金匠），属宫廷御用匠师"。[4] 如明代中期的一件青花笔盒（图1），器型仿伊斯兰铜器，是专为伊斯兰世界而定制。它在当地又被重新装饰，将金片做成花朵，加以宝石镶嵌。在波斯绘画中也可以看到这样的器物改装：阿赫麦德三世为儿子举行的割礼庆典上，太监总管呈上首相所献的镶宝石的中国瓷碗（图2）。[5] 宝石镶嵌是奥斯曼帝国的工艺特色，不仅仅是针对瓷器，玉器、水晶、金银器等其他材质上也会使用。

　　伊斯兰世界对于中国瓷器的第三种再装饰手法，是在器物表面再加彩。不过，这类案例非常少见。目前仅见埃及福斯塔特遗址出土的一件北宋青白瓷碗底，碗内心青白釉上加绘伊斯兰虹彩（图3）。

（二）欧洲地区

欧洲对中国瓷器的再装饰，基本可分成三类：第一类是重新加彩绘。[6] 这类做法有时会结合器物原有的装饰，有时并不考虑作品本身已有的纹饰，如在青花图案上再进行彩绘，甚至直接覆盖。绘制时间，既有在瓷器外销至欧洲后不久，也有相隔甚远。从画面内容来看，"中国风"（幻想的东方风格、东方风景）是一种重要题材，甚至在用色等方面也刻意模仿中国五彩、粉彩。例如图4这件黑彩瓶，采用西方的用色与画法，画面内容却充满东方风情。这类黑彩技法被称为"schwarzlot"，是17世纪下半叶借鉴自玻璃器的一种装饰技法。这件作品被认为可能出自当时著名的装

图4 欧洲绘中国风格图案花瓶[③]
约 1710—1720
高 24.5 厘米，口径 2.2 厘米
英国大英博物馆藏（Franks 948+）

---

③ 花瓶由江西景德镇烧制；黑彩描金在布雷斯劳（今波兰弗罗茨瓦夫）或波希米亚克朗斯塔绘制（现捷克共和国）。

饰工匠普莱勒斯之手。普莱勒斯还将类似风格的彩绘运用于外销欧洲的日本有田瓷器、德国迈森瓷器和欧洲玻璃器上。[7]除了"中国风"，中国外销瓷器上还绘有西方图像。皮博迪埃塞克斯博物馆所藏德化白瓷狮子雕塑的底座上就描绘了西方人物狩猎场景，应该是模仿自欧洲版画（图5）。这类加彩的装饰方式，曾被部分研究者看作是"画蛇添足"。然而从另一角度来看，这种不考虑原作品装饰、中西兼有的加彩方式，正印证了改装与重饰的一种重要初衷，即隐藏不被当时当地欢迎的风格、迎合不断变化的流行趣味。

图5 白瓷狮子雕塑
德化窑
清代
皮博迪埃塞克斯博物馆藏，
刘朝晖摄。

第二类是再刻划。总量上相对比较少，主要见于"巴达维亚瓷"。18世纪景德镇制作的外酱釉内青花瓷器大都在巴达维亚转运，因而被欧洲人称为"巴达维亚瓷"。"再刻划"是指将外壁酱釉刻划后露出胎色，呈现出对比的效果。这种在"巴达维亚瓷"上再刻划的做法，应是借用了欧洲玻璃器装饰的刻划工艺。现藏于法国吉美国立亚洲艺术博物馆的青花酱釉杯碟即一例，其外壁纹饰的刻划是在德国完成的（图6）。

图 6　酱釉青花刻花杯、碟

清康熙年间（1662—1722）

中国景德镇窑瓷器，德国刻划

法国吉美国立亚洲艺术博物馆藏

埃内斯特·格朗迪迪埃捐赠，1894 年

第三类是用金属附件进行镶嵌。这与伊斯兰世界一样，是改装、重饰中国瓷器的一种重要方式，我们会在下文详述。

三、 欧洲金属镶嵌脉络下的中国瓷器再装饰

（一）欧洲对各类珍贵器物的镶嵌传统

"金属镶嵌"并不是仅针对东方瓷器的装饰技法。实际上，在东方瓷器大量进入之前，对器物进行金属镶嵌这一做法在欧洲已经有了相当深厚的基础和传统。

在拜占庭和中世纪时期的宗教艺术中，金属就被大量地运用。比如在木板宗教画的人物周边涂绘金漆，或是为圣物添加金属底座。从 14 世纪起，欧洲人就开始为进口的珍贵器物镶嵌上金属附件，镶嵌对象的范围拓展到包

图 7　静物与火鸡派（一件鹦鹉螺杯位于画面中右侧）

［荷］彼得·克莱兹（Pieter Claesz，1597—1661）

布面油画

1627 年

荷兰国立博物馆藏

图 8　静物④

［荷］威廉·克莱兹·海达

（Willem Claesz Heda，1594—1680）

布面油画

1638 年

德国汉堡美术馆藏

④ 画中有多件器物被加装金属附件，除了中国瓷器，还包括画面中部的一件水晶杯。

图9 静物与酒壶、玻璃杯、壶和绳索（被镶嵌的德国盐釉陶器位于画面右侧）
[荷]乔纳斯·托伦蒂思（Johnannes Torrentius）
布面油画
1614 年
荷兰国立博物馆藏

括陶瓷在内的各式奇珍异宝和工艺品。在荷兰静物画中大量出现的鹦鹉螺杯
都是以金属镶嵌的方式完成的，水晶也被以同样的方式装饰成高足杯（图7、
图8）。此外，像鸵鸟蛋、象牙这类异域珍品也是金属镶嵌的对象。

　　欧洲本土陶瓷器上，也会进行金属镶嵌。荷兰国立博物馆藏的一幅
17 世纪早期静物画中就出现了被镶嵌的德国盐釉陶器，但附件极为简单，
是为提高实用性而添加的器盖（图9）。

（二）文艺复兴时期欧洲对中国瓷器的镶嵌

　　弗兰西斯·沃斯顿爵士（Sir Francis Waston）认为，对东方瓷器进行
金属镶嵌的做法至少可以追溯到中世纪，现存最早的器物是从文艺复兴早
期留存下来的[8]。

著名的丰山瓶（Gaignières-Fonthill Vase）被认为是目前所知传入欧洲最早，且流转记录明晰的中国瓷器，现存于爱尔兰国家博物馆（图10）。[9]这件元代景德镇青白釉玉壶春瓶，应是经西亚陆路抵达欧洲的，最初的拥有者是14世纪匈牙利的路易斯国王（Louis the Great of Hungary, 1326—1382）。[10]路易斯国王下令在金属附件上加刻家族纹章和铭文后，再转送给查尔斯三世（Charles III of Durazzo, 1345—1386），作为其登基为拿

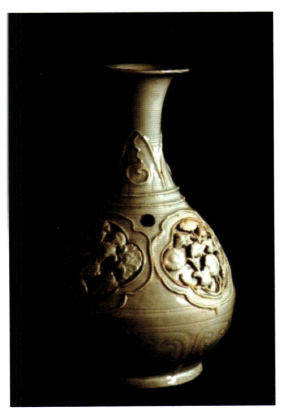

图10　丰山瓶现况⑤
颈部还留有先前连接金属附件的洞孔。

图11　丰山瓶水彩画⑥
雷米（Barthelémy Rémy，国籍及生卒年不详）
水彩
1713年

---

⑤ 图片来源：刘明倩，《从丝绸到瓷器：英国收藏家和博物馆的故事》，上海辞书出版社，2008年，第11页。

⑥ 图片来源：Lauren Arnold, *Princely Gifts and Papal Treasures: The Franciscan Mission to China and Its Influence on the Art of the West,1250-1350*, *Desiderata Press,1999. p.132*。

波里国王的贺礼。1713年前后，法国贵族盖尼亚请画师为丰山瓶绘制了水彩画，可以看到玉壶春瓶被镶嵌成了带盖执壶，其金属配件上有纹章与法语铭文（图11）。可惜的是，1882年爱尔兰国家博物馆入藏时，镶嵌的金属附件已不复存在。尽管如此，丰山瓶颈部下面的孔洞明确地显示出金属附件的镶嵌痕迹，使我们得以辨认出它的身份。丰山瓶作为早期到达欧洲的中国瓷器，其被镶嵌金属、记录绘制和摘取金属附件的整个过程，是考察中国瓷器被欧洲镶嵌的极为重要的材料。

根据记录，渥兰碗（Warham bowl，图12）是进入英国的第一件中国瓷器，1532年就已然出现在了牛津大学新学院（New College, Oxford）的收藏清单当中。渥兰碗是威廉·渥兰·坎特伯雷大主教（Archbishop William Warham）给新学院的捐赠，其上的银镀金附件也被认为是主教为其订制的。

这些早期镶嵌附件上往往都有印刻和标记，传达出诸多器物之外的

图12　"渥兰碗"，金属镶嵌龙泉青瓷碗[⑦]
碗：16世纪
镶嵌：1500—1530，英国加装
牛津大学阿什莫林博物馆 (Ashmolean Museum) 藏

---

⑦ 图片来源：Sir Francis Watson, *Chinese porcelains in European Mounts*, China Institute in America, New York, 1980. p.15.

信息。除了具体的器物信息，镶嵌行为以及附件上的各类铭文标记也有助于进一步了解东方瓷器在当时欧洲的地位和角色。德国黑森州卡塞尔美术馆（Museumslandschaft Hessen Kassel）藏的一件明代龙泉窑青瓷碗，银镀金的附件为其加盖并镶嵌上高足底。附件上的纹章标记显示，这件青瓷碗是由菲利普·冯·卡兹奈伦伯根伯爵（Count Philip von Katzenellenbogen）在远东购入的。他曾于1433—1444年在东方游历，纹章可以证明这些附件被镶嵌的时间不晚于1453年。英国国立维多利亚与艾尔伯特博物馆所藏一件嘉靖矾红彩描金花卉纹（金襕手）瓷碗，是1583年埃伯哈特·冯·曼德沙伊德伯爵（Count Eberhart von Maderscheit）从土耳其带回的一对瓷碗中的一只。这对瓷碗在德国镶嵌，并在铭文中表明"为纪念他的兄弟赫曼伯爵永远属于布兰肯海姆家族而镶嵌附件"。

可见在大量贸易之前，中国瓷器的珍贵性使得其身份更多地类似一种可以流传后世的宝物，它们和其他宝物一样成为被镶嵌的对象，正是同属于珍贵物品的证明。同时，这类铭文的存在或许也提示我们关于早期金属附件功能的另一种可能：作为传家宝或者馈赠纪念物的瓷器，需要有铭文来加以记录说明，但瓷器本身难以刻字，而金属附件则可以实现这一诉求。不过这种铭文在17世纪以后就很少再见到了。

这些早期流入西方的中国瓷器，本身就被视若珍宝。以金属衬托主体的珍贵，这也是欧洲镶嵌行为一贯的模式。与此同时，针对具体器物进行金属镶嵌，再加上专属的铭文或者家族标识，强化了器物拥有权，彰显了所有者的地位。

（三）以法国为中心的18世纪欧洲金属镶嵌

目前所见的早期被镶嵌的中国瓷器，多集中于英国和德国等地，而这一镶嵌中心的版图在17—18世纪发生了位移。

17世纪，荷兰也大量镶嵌东方瓷器，这应该与荷兰东印度公司的瓷器贸易、大量输入有密切关联。此类瓷器在该时期的荷兰静物画中常有表现。然而17世纪之后，这种现象在荷兰却大幅减少了。18世纪的德国仍在进行瓷器镶嵌，但镶嵌对象更多的是德国迈森仿制的东方瓷器。而且，迈森瓷器中的绝大部分并不在德国本土镶嵌，而是在巴黎完成。在英国，尽管仍有少量的东方瓷器在进行金属镶嵌，但更大量的金属附件开始被镶嵌到当地的器物上。威尼斯地区也有镶嵌中国瓷器的材料，但数量极少。

与之相对的是，法国自18世纪开始在金属镶嵌上的地位异军突起。18

图 13　大罐一对（之一），镶嵌法国镀金青铜附件
盖罐：清康熙年间
底座及边缘等附件：1710—1715 年法国巴黎加装
40x29.2x27.9 厘米
美国保罗·盖蒂博物馆藏（72.DI.50.1-.2）

图 14　水壶，镶嵌法国镀金青铜附件
僧帽壶：清康熙年间
手柄及盖等附件：1700—1710 年法国巴黎加装
45.7x35.2x13.7 厘米
美国保罗·盖蒂博物馆藏（82.DI.3）

世纪，尤其是 18 世纪 40—60 年代，东方瓷器被附以欧洲金属镶嵌的数量比其他任何历史时期都要多，而这集中发生在巴黎。除了生产，镶嵌瓷器的交换与消费也向巴黎汇集。诸如博林布鲁克爵士（Lord Bolingbroke）这样的英国人，其所收集的大部分金属镶嵌瓷器都购自巴黎[11]。

由此可见，如果说东方瓷器的金属改饰在 18 世纪达到了历史巅峰，那么巴黎无疑是这一黄金时代的谱写者。

四、从改装思路看 18 世纪法国的中国瓷器镶嵌

随着 16 世纪亚欧开通直接贸易，中国瓷器开始大量外销欧洲，这些基于东方瓷器的镶嵌产品也开始转变角色。

最初，欧洲能收藏中国瓷器的都是社会顶层的王公贵族。到了18世纪，虽然远渡重洋的中国瓷器依然是一种令人羡慕的奢侈品，但已经不再是难得一见的稀世珍宝了。此时对中国瓷器加以金属镶嵌的诱因已发生变化："它们更多的是因为异域特色，而不是稀缺性而被激起兴趣的。"[12]

（一）脆弱部位的保护与优化

中国瓷器在欧洲属于珍贵物品，金属附件往往会镶嵌在其脆弱位置，以起到保护作用。这种从保护目的出发的装饰思路在18世纪依然十分常见。

图13的大罐是完成于18世纪前20年的镶嵌作品。这一时期，金属镶嵌总体来说延续了17世纪低调朴素的风格。器物上的附件都没有改变器物本身的形态和功能，而是在口沿、底座等位置以镶嵌的方式进行了保护处理。镶嵌附件和底座通常被设计成包裹住瓷器的样子以保护它的完整性。

除了防止破损，一些简单的附件也被设计出来，为原有的瓷器样式做简单的优化，比如为瓶加金属盖、为杯加手柄、在盖与器身间加金属链条以防丢失等等。美国保罗·盖蒂博物馆收藏的这件水壶原是一件康熙年间的僧帽壶，附件制作于18世纪的头10年间（图14）。盖子边缘和壶嘴做了镶嵌处理，盖上的瓷钮也以多瓣叶状附件包裹，添加的手柄在与圆柱壶身相接处有狮子装饰，壶嘴与壶身由金属连接。在入藏保罗·盖蒂博物馆之前，这件水壶曾经破损并经过简单修复，除手柄被重新镶嵌之外，其他的附件都是最初设计的样子。

这一装饰思路下的瓷器镶嵌主要流行于18世纪的前20年。在此之后，装饰的方式就变得更为复杂和富有设计感。当然，这种保护与优化的思路依然是镶嵌最深层的逻辑，即便是在瓷器镶嵌最成熟的几十年间，镶嵌的改装思路也没有脱离这一惯式，无非是在此基础上做了更繁复的设计和组合罢了。

（二）器物用途的改变

进入异域的中国外销瓷并不能完全满足欧洲人的使用需求，金属附件由此被用来改造原有的东方瓷器，以改变器物的功能，符合当地的使用习惯。

图15原是一对德化窑花瓶，肩部以下位置各有一对狮形钮，后被截去颈部；18世纪20年代被加装了银质的底和镂空盖，整个肩部被打孔并在孔处镶嵌六瓣星形银扣。这对花瓶被改选成承装香料的扩香器，香料的香气可以通过肩部的孔洞和镂空盖散发出来。

图15　德化窑花瓶，镶嵌法国银制附件
花瓶（腹部以上被切割）：康熙年间德化窑产品
底座及盖等附件：1722—1727 年法国巴黎加装
19.4x8.6x7.7 厘米
美国保罗·盖蒂博物馆藏（91.DI.103.1—103.2）。

图16　青瓷香薰，镶嵌法国镀金银附件
青瓷碗：康熙年间制
镀金青铜附件: 法国巴黎 1745—1749 年制
40x39.3x27.8 厘米
美国保罗·盖蒂博物馆藏（74.DI.19）

图17　碗改制香薰水彩图
艾斯麦瑞恩赠，美国大都会艺术
博物馆藏 [61.680.1（8）]

不限于在单件器物上改造，还将多个器物重新组合，是改变器物功能这一镶嵌方式的一个重要思路。美国保罗·盖蒂博物馆藏的青瓷香薰是由两个青瓷碗扣合而成的（图16）。这两只碗内心书"大明宣德年制"，碗底各书"珍玉"二字，应是康熙时期仿制的。用两只碗相扣制成香薰的做法，是当时一种相当典型的改造范式。美国大都会艺术博物馆有一幅水彩画，记录了艾斯麦瑞恩（Esmerian）的收藏，画面上就有类似设计的香薰[13]（图17）。

图18　烛台一对，镶嵌法国镀金青铜附件和万塞讷瓷花
　　　　塑像：康熙年间制
　　　　附件加装：1740 年左右
　　　　高 11.4 厘米
　　　　法国装饰艺术博物馆藏（inv.28704 A-B），崔璨摄

　　同一件镶嵌作品甚至可以组合来自不同地区的物品。中国瓷器常常和欧洲当地的瓷器组合后，再被一起被镶嵌，重新创造出新的器用。法国装饰艺术博物馆藏的一对小烛台，主体是清代康熙景德镇蓝釉人物塑像，作为蜡杯的金属附件是 18 世纪 40 年代的产品，连接处缀以金属藤蔓和万塞讷（Vincennes）的瓷花（图18）。图19 这件香薰中的瓷娃娃、石景和狮子是中国清代康熙年间的制品，而镂空球则是乾隆时期作品，集中装饰在香薰底部和镂空球上的陶瓷花朵则是法国尚蒂伊（Chantilly）工厂制作的。

图19　香薰装饰组一对，镶嵌法国镀金青铜附件和尚蒂伊瓷花
石景和狮子：清康熙年间
镂空球：清乾隆时期制；
镀金青铜附件：1740—1745年法国巴黎安装
30.4x22.8x12.7厘米
美国保罗·盖蒂博物馆藏（78.DI.4.1—4.2）

不同时期和地域的部件被组合在一起，反而呈现出一幅儿童追花赏玩的和谐景致；尚蒂伊制造的陶瓷花朵更像是球形上原绘制花朵生长了出来一样，设计极有巧思。

改变东方瓷器原本的器用，其基本目的当然是为了符合当地的使用习惯。上述提到的香料罐、烛台等都是原产地没有的器类。但在实际的设计生产中，这种器用的改造方式不是一种"缺失——弥补"的被动模式——事实上同类器用的欧洲现成品并不缺乏——相反，商人和工匠们发挥想象，主动地将不同来源的物品组合起来，创造出与原本的东方物品截然不同的样态。由此，改造、对比、组合和创意，成为了18世纪法国镶嵌工艺中最精彩的一种游戏。

（三）装饰的华丽化

　　从 18 世纪 40 年代开始，镶嵌附件不只是用来保护和强调器皿的顶部和底部。镶嵌附件出现了手柄、底足之外加在瓷器部件上更加成熟的装饰元素。[14] 这些愈发华丽的金属附件诠释了那个时代流行的装饰语汇——洛可可及之后的新古典主义。这些装饰往往并不改变器物原来的用途，更为准确地说，这些装饰的意图已经和使用没有直接的关系了。

　　美国保罗·盖蒂博物馆藏有一对极其别致的带柄大口水壶，由口沿被削去的凤尾尊，加装金属附件制成的流与柄改造而成（图 20）。类似这样将花瓶改造成水壶的做法，在法国奢侈品商人拉扎尔·杜福（Lazare Duvaux）的销售目录中也有出现。[15]

　　而从镶嵌设计来看，美国大都会艺术博物馆的一件被镶嵌的葫芦瓶的附件（图 21）也与保罗·盖蒂博物馆的这对水壶十分相像。同样的，美国旧金山艺术博物馆（The Fine Arts Museum of San Francisco）藏的一对鲤鱼形水壶，鱼形青瓷雕塑的鱼唇部被镶嵌成壶口和流，镶嵌的附件也和

图 20　水壶一对，镶嵌法国镀金青铜附件
瓷瓶：清康熙年间；
镀金青铜附件：法国巴黎 1745 年—1749 年制
60x33x21.5 厘米
美国保罗·盖蒂博物馆藏（78.DI.9.1—9.2）

图 21　水壶一对，镶嵌法国镀金青铜附件
　　　葫芦瓷瓶：康熙年间
　　　镀金青铜附件：法国巴黎约 1750 年制
　　　30.5x16.2x13.8 厘米
　　　美国大都会艺术博物馆藏（1974.356.227-228）

图 22　鲤鱼形水壶一对，镶嵌法国镀金青铜附件[⑧]
　　　鱼形塑像：乾隆年间产品
　　　镀金青铜附件：法国巴黎约 1740 年制
　　　31.9x17.8x8.3 厘米
　　　旧金山艺术博物馆藏（1927.165—166）

上面两件类似（图 22）。

　　这类鱼形塑像没有实用性，本身就是用来装饰的摆件，而法国工匠则在这对鱼形塑像上使用了和花瓶等容器一样的装饰思路。这些成对摆件的装饰附件均是自口沿部伸展出去，形成潇洒的 C 形手柄。附件一路延续直到底座，形成半包围的流畅包裹，极具装饰性，或是当时流行的一种镶嵌类型。这些附件看似是手柄，实际上并不具有实用性，只是繁复流畅线条的表现。从拉扎尔·福德的记录来看，这一类的镶嵌物品总是价格不菲，比如蓬皮杜夫人在 1751 年 12 月 6 日购买的一对类似的青瓷瓶改装器就要1680 里弗。[16]

　　当然，这种复杂的装饰性金属附件本身也足以提高整个器物的价格。奢侈品商人托马斯·约阿希姆·赫伯特（Tomas Joachim Hébert）在日账中写到："几件镶嵌金属附件的器物是最为贵重的：一件镶嵌以镀金青铜附件

---

⑧ 图片来源：Sir Francis Watson, Chinese porcelains in European Mounts, China Institute in America, New York, 1980. p.55。

图23 立式大缸，镶嵌法国镀金银附件

撒蓝大罐：清乾隆年间

镀金青铜附件：法国巴黎 1785 年左右制

81x56.5 厘米

美国保罗·盖蒂博物馆藏（70.DI.115）

的釉上彩绘（可能是伊万里风格）储水容器，价值120里弗，而一般的瓷杯仅值几个里弗。"[17]

这一时期还尤其追求"成对"的器物和对称性的装饰。比如这尊立式大缸（图23），高81厘米，直径56.5厘米，外壁蓝釉内壁洒蓝，原为鱼缸。另还有两件同样设计的大瓶，一件现存于大英皇家收藏（British Royal Collection）（图24），[18]另一件于1970年在巴黎售出。这批产品极有可能还有第四件，是当时设计为一组或者两对的。我们也可以在奢侈品商人的销售目录中确认当时买主们对这种对称性的偏好，目录中甚至记录了商人对仅搜寻到单件作品时感到的遗憾。[19]

图24 卡尔顿府邸的玫瑰缎客厅⑨
图中左侧可以见到一件器物与保罗·盖蒂博物馆的藏品（70.DI.115）十分相似
版画

⑨ 图片来源: The Queen's Gallery Carlton house: The Past Glories of George IV's Palace. Buckingham Palace, 1991-1992, pp.96-97, No.49。

在这种装饰华丽化的思路下，附件多是被设计成鲜明的洛可可风格，这当然是为了融入当时室内装饰的流行风尚。事实上，自 18 世纪（尤其到了后半叶）始，镶嵌最为重要的目的就是为适应当地的室内装修风格。这种宗旨的确立进一步使得洛可可风格的中心——巴黎成为了整个欧洲改装行业的核心地区，集设计、制造和中转于一体。

上述这几种改装思路虽然在某些时期分别具有更强的指导性，但并不能完全割裂开来看。具体到镶嵌产品上时，这些思路往往会在同一件器物上同时呈现。比如，一些改变器物功能的设计也是出于对器物的珍视保护，具体体现为对残损器物的再利用。就如之前提到的盖蒂博物馆所藏以两只青瓷碗改装的香薰，下部的一只瓷碗可见碗底处有裂痕，已无法作为餐具使用。附件遮盖了裂痕，改成了香薰，使青瓷碗不至于被丢弃，从而焕发了新生。选择破损器物的完好部分，或者利用附件遮蔽残损部分来重新设计，通过镶嵌赋予破损瓷器新的功能，这在 18 世纪依然是常见的做法。此外，18 世纪前 20 年的作品虽然在附件装饰上相对简洁，但往往也不是为了实用而做的保护处理，而只是依照保护思路而做的装饰，更多的器物依然是作为陈设品使用的。

五、结语

中国瓷器在欧洲的"变身"，并不只是一场视觉上的改造游戏，更重要的是，这种"变身"背后所包含的文化结构性的既定观念——任何"形态改造"（physically transformed）也必然是一种"观念改造"（conceptual transformation）。[20]

从欧洲的工艺传统来看，金属镶嵌原本是对珍贵礼物或异宝珍奇的附丽。14 世纪以后，中国瓷器以零星数量辗转传入欧洲，被视为稀世珍宝。此时对其进行的金属镶嵌，延续了这一欧洲传统，主要是以贵金属衬托瓷器本身的珍贵，基本不改变器物原本的造型。镶嵌的金属上往往刻有家族纹章和铭文，彰显拥有者的地位。这些被镶嵌的瓷器，不仅是子孙永保的宝物，也是王室贵族相互馈赠的最佳礼物。金属镶嵌，更多的是彰显中国瓷器作为稀缺的"显赫物品"的重要性。

17 世纪以后，随着中西瓷器贸易的扩张，大量输入欧洲的中国外销瓷由奇珍异宝而演变为奢侈消费品，开始适应消费者的习惯，也融入当地的生活和装饰风格。被金属镶嵌的中国瓷器，成为东方异域风情和西方工艺的融合体。这些被改饰的中国瓷器，也成为欧洲设计艺术再创作的媒介。[21]

18世纪以来，对中国瓷器的镶嵌可以归纳为三种主要的思路：一是基于保护易碎和珍贵材质的目的，对中国瓷器的脆弱部分以镶嵌做保护处理，这是金属镶嵌传统下最原初的目的，这种保护思路决定了几乎所有镶嵌的位置和基本形式；二是为迎合当地的使用习惯，利用中国材料改装成适合当时欧洲风尚的器用类型，其中通过重新组合来改变器物用途的做法是18世纪的创造，这种改装思路不仅可以帮助我们了解欧洲本土对器皿的需求和理解，也明确地显示着东方材料的角色由宝物转变成为了一种设计媒介；第三种思路是加强附件本身的装饰性，使之与欧洲室内装饰风尚相呼应。事实上，从销售目录上的文字记录来分析，在18世纪的上半叶，巴黎奢侈品商人的销售目录上仅仅指出了有附件的存在，以及其制作的材质（银或青铜）；[22] 在这之后，则明显开始对装饰元素有了更多的关注，[23] 开始强调装饰本身的造型和美感。于是，更为华丽的装饰旨趣，无疑是18世纪后期最为主流的镶嵌思路了。

本文相关内容曾先后报告于"中国知识和产品在西方的传播和影响"国际学术研讨会（复旦大学，2016年12月）、"中西陶瓷贸易与外销瓷"学术研讨会（深圳博物馆，2018年3月）、"艺术、物质文化与交流——13-16世纪欧亚大陆文明"学术研讨会（湖南省博物馆，2018年3月）。

＊除特别标注的图片来源外，本文图片均下载自各博物馆官方网站。

〔1-1〕 有关中国瓷器在欧洲以金属镶嵌的方式被改装装饰的情况，西方学者关注较多，弗朗西斯·沃森爵士（Sir Francis J.B. Watson）做了大量长期的学术研究，其成果有：

（1）F.J.B. Watson, *The Wrightsman Collection. Vols. 1 and 2, Furniture, Gilt Bronze and Mounted Porcelain, Carpets*，Metropolitan Museum of Art, 1970;

（2）F.J.B. Watson, Chinese Porcelain in European Mounts, New York，1980;

（3）F.J.B. Watson. Mounted Oriental Porcelain, International Exhibitions Foundation,Washington, D.C.1986.

（4）1999年，保罗·盖蒂博物馆以沃森爵士《金属镶嵌的东方瓷器》一书为基础，重新出版图录*Mounted Oriental Porcelain in J. Paul Getty Museum*（J. Paul Getty Museum, 1999），是非常重要的参考资料。中国外销瓷研究几乎都会涉及这类瓷器，但以器物介绍为主。如Rose Kerr and Luisa E. Mengoni在 *Chinese Export Porcelain*（2011）一书第五章，分类梳理了欧洲对中国瓷器的重饰（中文版：[英]柯玫瑰，孟露夏.中国外销瓷器[M].张淳淳，译.上海：上海书画出版社，2014.）

〔1-2〕 近年来，国内学者开始逐渐关注这一议题，相关研究有：

（1）吴文婷.18世纪以中国陶瓷完成的欧洲金属镶嵌工艺[J].中山人文学报，2013.

（2）李雅淳.早期英国金银配饰的中国瓷器[J].南方文物.2016（2）.

（3）谢明良.陶瓷修补术的文化史[M]. 台湾：台湾大学出版中心，2018：第四章，"欧洲人对于中国陶瓷的金属镶饰、修理和改装——兼及其和亚洲区域镶饰例的比较"。

〔1-3〕 也有研究生完成相关的硕士学位论文：崔璨.黄金时代：金属镶嵌中国瓷器、法国奢侈品商人和18世纪的巴黎[D].上海：复旦大学，2018.

〔2〕 具体分析参见：谢明良.陶瓷修补术的文化史[M]. 台湾：台湾大学出版中心，2018：第四章，"奥斯曼土耳其的陶瓷金属镶饰"。

〔3〕 参见：[土耳其] 爱赛郁秋克主编.伊斯坦布尔的中国宝藏[M].伊斯坦布尔：土耳其外交部，2001：中国瓷器在奥斯曼人生活中的地位（[土耳其]艾斯·尔多度.撰文）。

〔4〕 同上，第124页。

〔5〕 同上，第109页。

〔6〕 目前相关专著仅见：Espir, Helen. *European Decoration on Oriental Porcelain, 1700—1830*，London，Jorge Welsh Books，2005。

〔7〕 吕章申主编.瓷之韵：大英博物馆、英国国立维多利亚与艾尔伯特博物馆藏瓷器精品[M]北京：中华书局，2012："欧洲绘中国风格图案花瓶器物说明"（霍吉淑撰写）。

[英]柯玫瑰，孟露夏.中国外销瓷器[M].张淳淳，译.上海：上海书画出版社，2014：142—143.

〔8〕 Gillian W., *Mounted Oriental Porcelain in J. Paul Getty Museum. Malibu*,J. Paul Getty Museum., 1999. p.1.

〔9〕 刘明倩.从丝绸到瓷器：英国收藏家和博物馆的故事[M].上海：上海辞书出版社，2008：11；关于此瓶的收藏清单，参见：Arthur Lane，The Gaignières-Fonthill Vase; A Chinese Porcelain of about 1300, *The Burlington Magazine*, Vol. 103, No. 697（Apr., 1961），pp.124-132.

〔10〕 Lane A., "The Gaignières-Fonthill Vase; A Chinese Porcelain of about 1300", The Burlington Magazine, Vol. 103, No. 697（Apr., 1961），pp.124-132.

〔11〕 Francis Waston, *Mounted Oriental Porcelain in J. Paul Getty Museum*, J. Paul Getty Museum, 1999. p.2.

〔12〕 Francis Waston, ibid, p.1.

〔13〕 M. Myers, French architectural and ornament drawings of the eighteenth century ,New York, 1991, pp.195-200.Acc.no.61.680.1（8）；

〔14〕 Stephane Castelluccio, *Collecting Chinese and Japanese Porcelain in Pre-Revolutionary Paris*, Getty Publications.p172.

〔15〕 Lazare Duvaux. *Livre-journal de Lazare Duvaux: Marchand-bijoutier ordinaire du Roy, 1748-1758* Edited by Louis Courajod. Paris,1965. vol.2, p.55, no.549.

〔16〕 Lazare Duvaux. *Livre-journal de Lazare Duvaux: Marchand-bijoutier ordinaire du Roy, 1748-1758*. Edited by Louis Courajod. Paris,1965. vol.2, p.104, no.967.

〔17〕 [英]柯玫瑰，孟露夏.中国外销瓷器[M].张淳淳，译.上海：上海书画出版社，2014：126—127.

〔18〕 1813年藏于卡尔顿府邸的玫瑰缎客厅，现藏于温莎城堡。图中左侧可以见到一件器物与美国保罗·盖蒂博物馆的藏品十分相似，应该即是这四件中的一个。*Carlton house: The Past Glories of George IV's Palace*（The Queen's Gallery, Buckingham Palace, 1991-92），pp.96-97, no.49.

〔19〕 Paillet, Alexandre Joseph, and Philippe François Julliot. *Catalogue de vente du cabinet de M.****.Paris,1783, p.35, no.56.

〔20〕 Stacey Pierson, *From object to concept: global consumption and the transformation of Ming porcelain*, Hong Kong, Hong Kong University Press, 2013, p.2.

〔21〕 吴文婷在《18世纪以中国陶瓷完成的欧洲金属镶嵌工艺》一文中最先提出了这一观点。

〔22〕 1745年，Gersaint曾明确指出"非常干净利落的镀金青铜附件"，见Gersaint, Edme-François. *Catalogue raisonné des différent effets curieux et rares contenus dans le cabinet de feu M. le Chevalier de La Roque*, Paris,1745, p.88, no.277.

〔23〕 "那些优雅精致的金层镶嵌"*La Font de Saint Yenne, Ètienne. Réflexions sur quelques causes de l'état présent de la peinture en* France *et sur les beaux arts*. Paris,1747. Reprint, 1752, Paris, p.221.

中国瓷器对欧洲陶瓷的影响

中国瓷器对 17 世纪讷韦尔彩陶的影响

让 · 罗森（Jean Rosen）

法国国家科学研究中心（CNRS）

瓷器直到 17 世纪才普及开来，

开始取代马约里卡陶器为人们所喜爱。

讷韦尔彩陶是这股风潮最早的追随者之一。

它不具备中国瓷的绚烂色彩，

几乎仅能自囿于仿品制作，

然而其作品自由不羁，手法大胆，

令人甘将仿作当成真品。

——迪布罗克[1]

"瓷器"（porcelaine）一词在 17 世纪法国彩陶中的地位

自马可 · 波罗以来，遥远的东方一直令欧洲人迷醉神往。抵达欧洲的异域产品十分稀有、千金难求，以至于威尼斯的丝绸工匠们从 13 世纪末就已经开始借鉴东方纹样。1498 年瓦斯科 · 达 · 伽马开辟印度航线之后，欧洲人逐渐在远东立足扎根：葡萄牙人、西班牙人在 16 世纪相继建立了贸易站点，荷兰人紧随其后。真正的中国明代青花瓷器，只有极少数富有的欧洲藏家才拥有，尽管中国瓷器自此逐渐传遍欧洲，它始终是少数特权者专享的奢侈品。

1644 年明王朝亡于内战，瓷器出口因此骤然停摆：从 1646 年的 30 万件，到 1647 中国完全关闭海上贸易之前，这一数字下跌了一半。1650

年以后，西方出版业日渐兴盛，荷兰人约翰·尼霍夫 1665 年在莱顿出版的《荷使初访中国记》[2]，直至 18 世纪末依然是了解这个神秘国家的主要参考文献。事实上，"瓷器"一词在法国被认可，主要归功于举世闻名的特里亚农瓷宫。勒沃（Le Vau）1670 年在凡尔赛宫建造的这座瓷殿，1687 年毁于无情的风雨和帝王恩宠的丧失。尼霍夫的版画中著名的南京琉璃塔那华美的九层浮屠，无疑是这座不幸消失的奇特建筑最初的灵感来源。锡釉陶（faïence）的运用在该殿建造中至关重要，数万片方形陶砖大多饰以中国青花瓷风格的纹样，因此殿毁至今，人们仍然沿用其"瓷宫"的别称。中国瓷器真品稀缺，名声却日益显赫，一种更为廉价的替代品在当时最重要的陶器生产中心讷韦尔（Nevers）应运而生，当时的货品清单将其命名为"仿瓷"（fasson de porseleine）[3]彩陶。

在讷韦尔的文献档案里，迄今已知最早的记载可追溯到 1658 年 7 月 30 日，其中提到"陶器行会会员皮埃尔·马丁（Pierre Martin）的工坊有一个用瓷器秘法上釉的彩陶杯，估价 15 索尔"。[4]值得一提的是，"瓷器"一词第二次出现仍然在讷韦尔，在 1671 年"荆冠耶稣"（Ecco Homo）工坊的尼古拉·埃斯蒂安（Nicolas Estienne）的财产清单中。我们再次发现当时的人们用"瓷器"的提法来指代绘有蓝彩纹饰的陶器，这个词汇自那时起反复出现，直至下个世纪中叶一直代表有蓝色花纹的精美陶器。这类产品广受欢迎，以至于 17 世纪末与中国恢复通商后，这些有时假以"仿瓷"之名的彩陶器，注定要与从 17 世纪末起远东专门为提供欧洲市场制造的真瓷一较长短。殷弘绪（Père d'Entrecolles）[5]曾就此写道："进口到欧洲的瓷器依照新式样订制，往往造型奇巧、工艺繁杂，一旦滞销在手，制造商无法转售给中国人，因为这种样式完全不符合他们的审美。"[6]

讷韦尔首次出现"中国"纹饰

众所周知，先有其物而后得其名。早在 17 世纪上半叶，1602 年成立的荷兰东印度公司（简称 VOC）从中国成功引进青花瓷，已经对欧洲陶器的装饰纹样产生了显著的影响。直到 1660 年左右，代尔夫特和讷韦尔的陶器工厂才开始扩大规模完整地复制这些纹饰，以弥补进口货源的中断。

因此，在特鲁瓦（Troyes）博物馆的一件讷韦尔纹章盘上（图 1），我们能体会到想要引入某种创新的意图，其中有几个人物形象确是中国人的轮廓，可我们也能察觉出装饰这件陶器的笨拙画工对自己要画的图案只有一个非常模糊的想法。盘中的盾形纹章——蓝色底衬金色倒V字形条纹，上部两颗同样的星，底端有一只行走姿态的银色绵羊，四周环绕着圣米歇尔和圣灵的饰带——这是皮埃尔·塞吉耶（Pierre Séguier）的家族纹章。塞吉耶 1588 年生于巴黎，曾任最高法院推事、检察长、圭亚那总督、最高法院院长，1633 年被路易十三任命为掌玺大臣，1635 年 12 月最终成为首席大法官，而他有可能是在 1650 年路易十四颁旨授予其男爵爵位时订制了这件彩陶器。无论如何，这只盘子的年代应该在 1635—1650 年之间，最晚不超过 1650 年。另一方面，亚瑟·莱恩（Arthur Lane）早在 1948 年就曾指出，剑桥菲茨威廉博物馆的一件底款"DLF"，标注日期 1644 年，传丹尼斯·勒费弗尔（Denis Lefebvre）制的讷韦尔瓶上，尽管绘有后期矫饰主义风格的纹饰，形制上却是完美的中国式造型。[7] 此外，以所谓"蜡光"（à la bougie）蓝釉底挂白点作装饰的器物最早出现在 1645 年左右，其中有一件六角形的中式花瓶造型与勒费弗尔的瓶完全相同[8]。"1644 年，荷兰的陶器制造商刚开始模仿中国瓷器，而在讷韦尔，相信陶匠们面前就摆着中国原件，他们对中国风格工艺的试验是完全独立的，甚至可能比荷兰人更超前。"[9] 尽管确实是代尔夫特最终成功仿制了中国瓷器，生产出大量高品质的产品，然而开仿制瓷先河的究竟是荷兰还是讷韦尔仍旧存有争议。有证据显示，荷兰和讷韦尔经过各自的早期研发，两地在同一时期都大量涌现出绘有中国纹饰模仿远东瓷器的产品，年代在 1660 年前后。正如克里斯蒂娜·拉奥苏瓦（Christine Lahaussois）所言："有人说讷韦尔采用远东纹饰是追随代尔夫特，更真实的情况可能是：在法国陶都经过长时间的装饰风格演变和创新，这种纹饰最终就出现了。两者平行发展的说法才更合理。"[10]

一位名叫迪比松 - 欧博内（Dubuisson-Aubenay）的旅行家曾谈及他在 1647 年途经讷韦尔时见过的中式风格装饰的陶器，用蓝色料绘制风景和动物形象，出自安托万·德·孔拉德（Antoine de Conrade）的作坊[11]。然而我们很难知道这些"中式风格"的装饰是不是真正的中国纹饰，或者仍只是我们之前提到的利古里亚式（Liguria）纹饰的作品，只不过在这位旅行家看来很像"中国的"。不过早在他造访之前，已经可以看出安托万·德·孔拉德的作坊在利古里亚纹饰中逐渐融入变了味的中国图案。我们能了解他在 1644—1648 年的生产情况，得益于其中有一定数量标注年份的作品存世。最古老的无疑是索穆尔城堡博物馆（Le château-musée de Saumur）的一件椭圆形盘子，印着昭示贵族封号和法语化的名款"德·孔

图 1 圆盘
讷韦尔
口径 27 厘米
约 1635—1650 年
特鲁瓦（Troyes）博物馆 inv.00.10.11
@J.R.

图 2 椭圆盘，铭文 *de Conrade A Neuers*
讷韦尔
48 x 39 厘米
约 1645 年
索穆尔城堡博物馆藏 inv. Lair 283.
© J. R.

图3 圆盘，铭文 *de conrade A neuers*
讷韦尔
口径 27.5 厘米
1644—1648
私人收藏
© J. R.

拉德制 / 讷韦尔出产"（de Conrade / A Neuers）（图 2），以蓝色单彩画
满一圈利古里亚式动物纹饰，包括大量的鱼、海兽和飞禽，中间是一头腾
跃的牝鹿。这个形象是从中国瓷器摹仿而来，在他所有其他有款识的作

品上几乎都能找到。[12] 其器型仍属于 1620—1640 年代的惯例，整体外观大体类似于同时代的利古里亚陶器。根据款识可以鉴别这件陶盘的年代在 1644—1648 年之间，不晚于安托万逝世的年份。在一件私人收藏的盘子上描绘了一位骑士，背景是有房舍与飞鸟的风景画，背面只简单标记了"德·孔拉德制"（deconrade）的字样，边沿上加绘了越来越占空间的建筑物，不过这一次，我们清楚地识别出一个赤脚的中国男子手持木条坐在画中。尽管画得不好，而且无疑是曲解的形象，但他确实是一个中国人，这是第一个真正的中国人物在讷韦尔彩陶的利古里亚纹饰中腼腆亮相，其年代在 1645—1648 年左右，就在安托万·德·孔拉德去世前不久（图 3）。

中国纹饰在讷韦尔的文化渗透

另一个更明显的中国人形象出现在第戎（Dijon）美术馆格朗维尔（Granville）第三批捐赠的一件纹章盘上。他扛着丰饶角，出现在这件完美诠释利古里亚装饰风格的盘子边缘下方（图 4）。这是一次名副其实的"引用"——中国人被画在一个开光中，和主要场景隔开，令人印象尤为深刻。在另一组套件上我们可以看到这种讷韦尔摹仿中式装饰的早期表现，它由一对葫芦花瓶和一个带盖罐组成，绘有代表富约兹侯爵（marquis de Fouilleuse）与伊丽莎白·德·冯太特（Elisabeth de Fontette）于 1659 年联姻的组合纹章，阿德尔拍卖行（l'étude Ader-Picard-Tajan）于 1990 年 10 月 20 日在巴黎卖出，拍品编号 31。

这些利古里亚式装饰通过借用中国人形象进一步明确了对中国的再现而非模仿。我们熟悉好几个茶叶盒的例子，唯一出入行游在利古里亚式图案中的只有中国人物的形象。[13] 这种异域风情的存在逐渐形成了文化上的渗透同化，其例证是一件扇形冷餐盘，上面的中国人看上去更像是在一片欧洲乡村背景中扮演意大利喜剧角色 [14]；还有一件大盘，盘心绘三对中国人物，而环绕他们的盘沿上却画了四组典型的法式田园风景（图 5）；同样的风格混搭也出现在另一件田园画盘上，四个中国人排列在盘沿上围观中间人们耕播种的场景 [15]。这批产品在 1665 年前后停产，当时多米尼克·孔拉德放弃瓷器生产正式离开此地搬去鲁昂（Rouen），意大利人在讷韦尔的足迹就此终结。

如果说中国人到那时仍然只是作为"引用"题材出现在利古里亚风格主导的装饰纹饰中，那么文物发掘中找到的真正彻底的中国式淡蓝

图 4　圆盘
　　讷韦尔
　　口径 39 厘米
　　约 1650 年
　　第戎美术馆藏 inv. DG 86.185.
　　© J. R.

图 5　圆盘
　　讷韦尔
　　口径 56 厘米
　　约 1660 年
　　第戎，私人收藏
　　© J. R

图 6　中国纹饰陶片

讷韦尔出土

约 1660—1670 年

让·罗森考古

© J. R.

色釉纹饰，作为名副其实的新生事物出现在讷韦尔最早不晚于 1660 年代，在它们附近发现的 1657 年的钱币可以佐证。这批重见天日的文物可能出自两家名为"鸵鸟"的作坊（ateliers de l'Autruche），这两家作坊分别属于皮埃尔·库斯托德（Pierre Custode）和埃斯梅·戈丁（Esme Godin），直到 1683 年前仍在大规模生产（图 6）。

　　从 1660 年代起，所有制造商都在主流的白陶产品之外加入了"瓷器"（porselaine），这个词特指各种用蓝色单彩画装饰的彩陶器，尤其是绘有中国纹饰的，做工更加精巧且价格高出三倍。1677 年，杰罗姆·吉耶罗（JérômeGuillerault）在孔拉德工厂以 100 苏的价格出售了 12 件"瓷器"（pourseleine），同时还以 38 苏的价格卖出一打白陶，而普通陶器一打仅售 3 苏。1689 年，"伯利恒"（Bethléem）、"三王"（Trois Rois）和"金十字"（la Croix d'Or）三家工厂的制造商达成协议，相对每 100 打白陶器的成套订单，各家都不能搭配超过 20 打"瓷器"。同年，梵尚·布朗谢（Vincente Blanchet）的盘点清单中也将白陶器与彩绘"瓷器"（pourseline）搭配在一起。1695 年，"鸵鸟"工坊靠五名画匠只画荷兰和中国瓷风格，每个月只能烧出三窑。1698 年，"鸵鸟"记载了"商品账目中有两打高品质白陶，以及一打精品'瓷器'（pourseleine）"。

讷韦尔中国纹饰的特征

　　谱系庞杂的"中国"装饰纹饰以蓝色调为主轴，在欧洲彩陶器中独占鳌头，经久不衰，风格上自成一派，在讷韦尔大多表现为浅蓝色釉底施蓝彩画纹饰，器型多种多样，其中也有仿造中国的。纹饰中的场景种类繁多，不过极容易辨识：描绘不同类型的中国人物，周围装饰着特有的纹样，所摹仿的是荷兰东印度公司引入欧洲市场的中国外销瓷器，如明代万历（1573—1620）、崇祯（1628—1644）年间的克拉克开光瓷 [16]（图7），最大胆的则采用了顺治皇帝（1644—1661）统治时的"转变期"（1630—1680）风格的瓷器及其日本仿品上出现的绚丽装饰。人物场景再现了《西厢记》《三国演义》《水浒传》等书中或民间戏曲、版画中的场景，尽管只是一知半解地照搬（图8）。这些中国瓷器在造型和纹饰上明显深受道教影响，灵感源于大自然，生动的布局中花草鸟虫形态活灵活现，景物搭配稳重均匀，带来清净平和的时空印象。在它们的欧洲陶器仿品中，除了人物之外，最具特色的元素包括：建筑物局部，如挑台和阑槛；各种象征性图案，如"八宝"和与文人联系在一起的"岁寒三友"（松、竹、梅），以及布满棕榈、芭蕉等富有特色的"鱼刺形"植被和太湖石，天上云朵密布的园林景致，还伴有变化无穷的多重花饰（图9）。对这些纹饰的研究评述由来已久，积简充栋，而专门针对讷韦尔纹饰则直到最近才有弗朗索瓦丝·埃斯蒂安娜（Françoise Estienne）、克里斯蒂娜·拉奥苏瓦（Christine Lahaussois）和渡边智子（Tomoko Watanabe）进行了更为详尽的研究。[17]

"中国"纹饰（约 1660—1700）

　　讷韦尔的陶艺匠人不喜欢被严格的题材风格束缚 [18]，他们很快就掌握了中国图案的画法并尽可能地运用起来。令人费解的是，每当他们想尽量还原某些属于中国文化的典型形制时——如索穆尔城堡博物馆的狮子塑像（亦称"福犬"chiens de fô）[19]，或法国塞夫尔国家陶瓷馆的长方形大痰盂 [20]，结果总是看起来有些怪异。相反地，当他们做到将异国纹饰特色融入自己精通的造型，凸显出纹饰的装饰效果时，有时却能制造出真正的杰作。例如讷韦尔博物馆的一件带瓜棱形底座的蓝褐彩双色纹大型带盖药罐（图10），缠扭的蛇形手柄由一只模塑浮雕的绿色青蛙相连，这是

图 7 圆盘
讷韦尔
口径 49 厘米
约 1670 年
埃庞斯森林陶坊旧藏，现藏
圣梅内乌尔德市立博物馆
© J. R.

图 8 圆盘
讷韦尔
口径 59.5 厘米
约 1670 年

图 9 圆盘
讷韦尔
口径 50.5 厘米
约 1680—1690
私人收藏
© J. R.

171

它真正的原创。用锰褐色来绘制中国人物的例子更为罕见，例如索穆尔城堡博物馆收藏的一件"满"花纹盘[21]。

　　随着产量大幅增长，中国纹饰也很快地演变，趋于简化。线条信笔勾勒，画几个一目了然的重要元素，再将其运用到各式各样形制和套件组合中。[22] 用蓝褐双色装饰的小盘子边缘有时会带有徽章纹，譬如索穆尔城堡博物馆的一件藏品就是典型范例，它应该是某套小型餐具中的一部分[23]。尽管绘制得潦草，富有异国情调的装饰与讷韦尔特色显著的曲柄高足长颈壶形成对比，所成的器物终究倒也不失优雅。[24] 此外，随着"中国理念"的引入，人们对瓶罐形制上的锐意创新也欣赏起来（图 11），有时即便是最出人意料的瓶型[25]——无论瓶腹位置高或低，甚至是假发座或头像

图 10　药罐
讷韦尔
高 84 厘米
约 1660—1680
讷韦尔彩陶美术博物馆藏 inv.NF17 l
© J. R.

172

模型，——也能适用于这种工艺处理[26]。

中国纹饰最终形成了一种类型，可以将同时代的其他工艺攫为己用，或是毫不羞怯地与之恣意交融，混杂出天马行空的悦目效果。如图12中的凸腹瓶，同样以蓝色为底，中国人装饰了一个大罐，收藏在索穆尔城堡博物馆；而法国塞夫尔国家陶瓷馆收藏的细颈瓶，顶端呈花瓣开放状，优雅地垂在长颈端口的环面上；[27]也有端庄些的，花瓣垂落在荷叶形的小碟子上，仅这种碟型已经能满足客户对异国风情的渴望了。[28]

这些中国纹饰在17世纪最后30年甚嚣尘上，讷韦尔所有的陶匠都在大量出产，随之而来的是更迅速的退化效应。有时只剩下"中

图11　葫芦瓶
讷韦尔
高 23.5 厘米
约 1670—1680
私人收藏
© J. R.

图12　蓝底白花凸腹瓶
讷韦尔
高 42 厘米
约 1680 年
索穆尔城堡博物馆藏 inv. Lair 297.
© J. R.

国理念"还留存着，从克拉梅西（Clamecy）的罗曼·罗兰历史与艺术博物馆的一件献给查尔·格拉洛（Charles Grallot）、年代被推定在1688年的扁壶中我们可以一窥端倪（图13）。从17世纪末开始，浅蓝色釉底绘中国纹饰的制作工艺越来越标准化，蓝色单彩中常有锰褐色点缀。讷韦尔的彩陶匠对其处理得颇为随意，仅保留了能体现其思想来源特征的重要元素，如人物轮廓和"中式卷草纹"，这些特点可以作为辨识17世纪

末和 18 世纪初讷韦尔产的标志。[29]

　　而其他的法国产地，无论是活跃已久的鲁昂和蒙彼利埃（Montpellier），还是 17 世纪最后几十年刚建成工坊的——如穆斯捷（Moustiers）[30] 和马赛——都得益于讷韦尔在专业工艺上的贡献，那里的工匠显然学来了各种流行装饰，尤其是受中国瓷器启发的纹饰。我们知道在鲁昂很多中国纹饰盘的佳作都出自珀特拉（Poterat）家族之手，他们享有的特许权到 1698

图13　扁壶，铭文 *"W Charles Grallot 1688"*
讷韦尔
高 18 厘米
法国克拉梅西罗曼·罗兰历史与艺术博物馆藏 inv.CF381.
© J. R.

图 14　方砖
蒙彼利埃
14 x 14 厘米
约 1700 年
法国蒙彼利埃朗格多克博物馆藏
inv. SAM-096.
© P. R.-C.

图 15　圆碟
马赛圣·让·杜德赛街区
直径 23 厘米
约 1700 年
私人收藏

年才告终，穆斯捷似乎并没有吸纳这种风格，而蒙彼利埃（图 14）和马赛的圣·让·杜德赛（Saint-Jean-du–Désert）街区（图 15）则有所尝试。

译者：杜甦
审校：曹慧中

〔1〕　Du Broc, *La faïence, les faïenciers et les émailleurs de Nevers / par L. du Broc de Segange*, 1863, p.193.

〔2〕　译注：*Die Gesantschaft der Ost-Indischen Geselschaft in den Vereinigten Niederländern an den Tartarischen Cham und nunmehr auch Sinischen Keiser*。原书名《荷兰东印度公司派遣使节谒见鞑靼、中国皇帝》，又名《荷兰东印度公司使团觐见鞑靼可汗（清顺治皇帝）纪实》，此书中文版一般译作《荷使初访中国记》。

〔3〕　译注：近代法语词汇的拼写尚未统一，如文中关键的瓷器（porcelain）一词在不同文献中的拼写均有不同，故此逐一标注原文。

〔4〕　译注：此句为近代法语，索尔是货币单位苏（sou）的前身。

〔5〕　译注：殷弘绪（1664—1741），本名Père Francois Xavier d'Entrecolles，法国耶稣会神父，曾在景德镇居住多年，在寄回法国的书简中记录了景德镇瓷器的制造工艺。

〔6〕　Auscher E. S., *La céramique au château de Versailles sous Louis XIV*, Paris, 1903，p103.

〔7〕　Rosen J., *La faïence de Nevers (1585-1900)*, tome 2, Dijon, Faton, 2009, p.191.

〔8〕　Rosen 2009, p. 287 fig. 463.

〔9〕　Lane A., *French faïence*, London, Faber & Faber, 1948, rééd. 1970, p.11

〔10〕　Fay-Hallé A. et Lahaussois C., *La Faïence européenne au XVIIe siècle*, Paris, RMN, 2003, p.32.

〔11〕　Bibl. Mazarine, Paris, manuscrit, cote 4405, ancien 2694 A, f° 19. 译注：讷韦尔公爵路易·龚扎阁（Louis Gonzague）16世纪末在其领地引入马约利卡彩陶，讷韦尔很快成为法国陶器重镇。孔拉德兄弟是他从意大利利古里亚地区请来的著名陶器工匠，获准在姓前加de以彰显其御用瓷器制造商的身份。其家族中安托万·孔拉德被认为是最具天赋的后代。

〔12〕　Rosen 2009，pp. 196—197.

〔13〕　Rosen 2009，p. 269 fig. 412.

〔14〕　Rosen 2009，p. 269 fig. 413.

〔15〕　Rosen 2009，p. 317 fig. 542.

〔16〕　译注：克拉克瓷（kraak porselein）是对一类明代景德镇外销瓷的通称，因最初用葡萄牙克拉克帆船运送而得名。其中最典型的品种就是后文提到的青花开光盘，盘边外壁绘八开光，纹饰各成单元，繁而不乱。

〔17〕　Estienne F., *Catalogue thématique de la faïence de Nevers de la fin du XVIe siècle au début du XVIIIe siècle*, thèse d'histoire de l'art, Paris, 1987; Fay-Hallé A. et Lahaussois C., *La Faïence européenne au XVIIe siècle*, Paris, RMN, 2003; Watanabe T., *Les sources d'Extrême-Orient dans la faïence de Nevers*, Master 2, Dijon, Université de Bourgogne, 2006.

〔18〕 需要为讷韦尔人辩护的是，他们有这种倾向也是为现实所迫，因为讷韦尔的砂石需要在炉中以极高的温度"炙烤"，颜料融化得更厉害，图案就无法达到在温和环境下所能呈现出的精确细节。

〔19〕 Rosen 2009，p. 344，fig. 610.

〔20〕 Rosen 2009，p. 344，fig. 611.

〔21〕 Rosen 2009，p. 346，fig. 614.

〔22〕 Rosen 2009，p. 353，fig. 630.

〔23〕 Rosen 2009，p. 346，fig. 615.

〔24〕 Rosen 2009，p. 347，fig. 616.

〔25〕 Rosen 2009，p. 352，fig. 628.

〔26〕 Rosen 2009，p. 348，fig. 619.

〔27〕 Rosen 2009，p. 350，fig. 624.

〔28〕 Rosen 2009，p. 248，fig. 370.

〔29〕 Rosen 2009，p. 382，fig. 692.

〔30〕 译注：穆斯捷-圣玛丽(Moustiers-Ste-Marie)是法国东南部凡尔登峡谷附近的小镇。

"还有这片神圣土地上的精美瓷器" ①
16—17世纪伊比利亚彩陶器中的瓷器灵感

塞丽娜·文图拉·泰科萨拉（Céline Ventura Teixeira）

法国国家科学研究中心（CNRS）艾克斯马赛大学

  16—17世纪，从新世界归来的海轮驶进里斯本港，带回了许多引人好奇和遐思的"舶来品"：牛黄、宝石、珠宝首饰、象牙、日本屏风、印度与波斯的丝绸地毯，还有来自中国的瓷器。这座都城里汇聚着来自欧洲各地的商贩、大批发商、外交官、学者和艺术家，物品的广泛传播为艺术形式的杂糅重构带来了大量素材。从单纯进口到在欧洲复制，这些"纪念品"[1]为视觉文化的交汇提供了物质载体，催生了全新的形象与装饰语言。伊比利亚半岛及其辽阔的帝国疆域自此成为艺术交流互通的舞台，中国瓷器在贸易、收藏和传播中逐渐深入人心，孕育了伊比利亚艺术图景中史无前例的美学组合。

  1510—1511年征服果阿和马六甲之后，葡萄牙加强了与印度洋国家的贸易往来。载满香料、印度宝石、黄金和丝绸的船只从此不再走威尼斯航线，而是改道里斯本，使这里一跃成为欧洲最重要的贸易中心之一。它与中国的贸易则一直以非法方式发展，直到1557年才在中国澳门建立了商站（feitoria）。[2]进口的漆器家具、丝织品和瓷器就这样作为奢侈品来到里斯本港，各种皇家宝库清单、旅行游记和其他逸闻中的描述，都见证了这些遥远异国奇珍的到来。据一条1513年的敕令记载，葡萄牙国王曼努埃尔一世曾将中国瓷器作为礼物送给妻子阿拉贡的玛丽（1482—1517），可见

---

① 此为17世纪法国作家保罗·斯卡隆的诗集《圣日耳曼集市》中的诗句。参见Scarron, Paul, *La Foire Saint-Germain*, À Paris, chez Jonas Bréquigny, 1643, p. 14。

译注：圣日耳曼集市是17—18世纪法国最重要的中国进口商品集散地。

中国瓷器很早就受到葡萄牙和西班牙君主的青睐。[3]随着1580年葡萄牙与西班牙卡斯蒂利亚王室共主邦联时代开始，这个"日不落帝国"也在艺术上迎来了全新的融合与交流。[4]

从渴望拥有这些奢侈品的君主，到受这种标志性蓝色图案启发的工匠，中国瓷器逐渐成为人们关注的焦点。葡萄牙曼努埃尔一世和西班牙腓力二世（1527—1598）的订单极大地丰富了皇家收藏[5]。中国瓷器遍及整个半岛又传至其他地区，一场热潮席卷了法国乃至意大利（尤其是托斯卡纳地区）。1575—1587年间，在弗朗切斯科·马利亚·德·美第奇大公（Francesco Maria de Médicis）的资助下，一种名为"美第奇瓷"的产品应运而生，不过那时的人们尚不了解特殊材料高岭土的用法，这种招人觊觎的秘方还保守在中国工匠们手中。尽管如此，收藏瓷器已成为君主们痴迷的嗜好。16世纪末起，明朝万历瓷器就以其品位高雅令人趋之若鹜，在整个欧洲范围激发起强烈的需求，成为葡萄牙和西班牙陶器制造商争相模仿的装饰美学典范。他们的客户群体不再局限于帝王宫苑，也同样影响到贵族与资产阶级阶层。瓷器工艺的奥秘一直未被破解，葡萄牙和西班牙的作坊为了响应这种"时尚"，只得创造出一件件彩陶制品，在上面重新诠释那些在瓷质的瓶盘碗碟上出现过的图案，以至于后来竟然涌现出一批专职制作"中国风格"餐具的工匠。葡、西两国的陶艺家们总结出一整套花样图谱，受到广泛赞誉，甚至追捧。这些作坊致力于通过"摹仿"瓷器来创造新作品，而不是进行简单的复制。从动植物形象和色谱运用，这些作品都表现出对范本重新阐释和挪用转置的现象。依此看来，阿兹勒赫彩釉陶砖画（azulejo）装饰的墙面，事实上也揭示了各种装饰性组合在工匠笔下从一种介质向另一种介质的转移。从接纳瓷器作为一种收藏品，到将其视为灵感来源的过程中，陶艺匠们发现了其中装饰性组合的丰富性，意识到它将为伊比利亚的传统图谱带来一次革新。莲花、艾叶、牝鹿、梅花鹿以及美人（bella dama），各种形象搭配的变化层出不穷，甚至彼此叠加，最终形成多种混杂的装饰表现，体现出形式、艺术和文化上的对话。

贸易、收藏与仿制：中国瓷器被接纳的过程

明代（1368—1644）瓷器依托葡萄牙人和荷兰人相继开拓的海上贸易通路传遍整个欧洲，实际上它们可谓是最早的进口商品的代表。从王家的财产清册到旅行者游记，这些文献资料为我们打开了一扇窗口，从中可以

窥见来自中国的物品是何等精美绝伦：

> "中国也是如此，作为东方人口最多的地区，这里的手工艺人和手工艺品类比其他任何地方都多，因为有许多货物都出产于此：床榻、书桌、餐柜、金丝盘绣的床罩、精美的瓷器、小幅帷幔、金银丝镶嵌的工艺品、塔夫绸以及其他上千种独特的丝织品，数量之巨堪比世界其他所有地方的总和……" [6]

这种审美情趣明显地体现在里斯本的宫殿装饰中。桑托斯皇宫（Palais de Santos）[7] 的小方厅天花板上装饰着 272 件中国瓷器。多少年来，这批宝藏在历任居住者手中日积月累，直到 17 世纪末出现了新的装饰理念，才得以供人观瞻赏玩。这批藏品囊括了数个不同时代生产的瓷器作品，其中 1/3 出自嘉靖（1522—1566），近一半属于万历（1573—1620）年代。[8]万历年间，大量瓷器从中国涌进葡萄牙乃至欧洲市场。这些作品胎体细腻轻盈，尤以光泽明亮、响声清脆著称，在装饰语汇上有着图案丰富多变、构图繁复的特色。从徽标到灵芝，从鹤到龙，动物植物相得益彰，排布在一个象征性修辞的开光中，笔精墨妙，引人入胜。这些万历时期制作的作品，以品质优异、画工精细见长，展现了中国工匠的高超技艺。他们以生动的笔触铺陈饱和蓝色调的渲染效果，颠覆了前一个时代以更不易得的伊斯兰青为代表的审美。16 世纪下半叶至 17 世纪上半叶，这类瓷器席卷了整个欧洲。就在同一时期，荷兰人在 1602 年创办了东印度公司，挑起了与葡萄牙商船队的激烈竞争。1602 年和 1603 年，葡萄牙圣地亚哥号（São Tiago）和圣卡塔琳娜号（Santa Catarina）在驶往里斯本途中分别被荷兰人掳获，船上装载的十多万件瓷器被当作战利品带回阿姆斯特丹，冠以"克拉克瓷"（写作 porcelana de carraca 或 Kraakporselein）的名目出售。[9]这些瓷器增添了除鸟虫、花草（莲与菊）、水果和杂宝之外的新式装饰图案，满足了日益增长的市场需求。它们的构图新颖，形成了独具一格的典型范式：源自中国文化的场景占据画面中心，映衬在富有代表性的中式景观中，边沿搭配多瓣开光的分块缘饰，用以烘托核心画面的主题。

如果说葡萄牙是将瓷器传入欧洲的先驱，西班牙的腓力二世也算得上最早的订购者之一，这位"精明人"国王 1580 年登基统治葡萄牙，他的瓷器收藏也非常可观。西、葡共主时代（1580—1668）对于建立商业和文化网络十分有利，两国冠冕"联姻"所孕育的帝国在后来横跨世界五大区域，包括非洲东海岸、阿拉伯、美洲、印度西南马拉巴尔（Malabar）及一部分印度洋海域。葡萄牙和天主教君主专制的君权联盟进一步加深了帝国不同地区之间的政治经济和文化艺术交流。[10] 阿尔卡扎宫（Alcazar）小心翼翼地守护着 3000 多件藏品，其中不仅有个人日常生活用品，有的还被运用在外交中[11]。腓力二世 1582 年在里斯本之旅时写给女儿们的一封信，印证了他对瓷器的爱好："有些箱子不是空的，其中装有供你们兄弟姊妹使用的瓷器，此外还有另一个箱子，装的是我前所未见的新型瓷器。"[12] 与葡萄牙一样，西班牙也投入到追逐新颖的探索发现中。他们于 1571 年在马尼拉

图1　青花盘
口径 21—26.5 厘米
明万历年间
法国吉美国立亚洲艺术博物馆藏
MA6459, MA6466, MA6467, MA6470, MA6472, MA6475, MA6478, n°Goddio 1330, n°Goddio 360

图 2 腓力二世青花瓶
明万历年间
30 x 15 x 7 厘米
法国吉美国立亚洲艺术博物馆藏
MA13008

设立贸易站，实现了王室的势力扩张。从这一据点出发，中国商品被源源不断地运往阿卡普尔科港（Acapulco）。从1600年沉没在菲律宾海域的圣地亚哥号沉船中发掘出的文物（图1）见证了万历瓷器贸易的迅猛发展。这艘西班牙武装商船曾经是联结中国商品与墨西哥白银贸易的纽带。由此可见，"腓力二世青花瓶"（图2）可谓中国外销订单中的代表。这些饰有卡斯蒂利亚纹章的瓷器形制特殊，显得极为与众不同。瓶具梯形底座、扁圆的瓶身，与精致的圆柱形细颈、喇叭口完美衔接。[13] 这类货品由中国工坊专门为欧洲市场定制而成，是西方形式和东方技术与审美范式实现结合共生的最早表现之一。在此，王室纹章的周围环绕着莲花和各种常见于瓷器的植被纹样组合。这一批细颈瓶纹饰线条优雅，钴蓝色调浓淡合宜，品质精细考究，如今仅余十来件存世。[14] 瓷器在腓力二世统治时期大量涌入，既是两大帝国之间商品流通的表现，也象征着他们在国际政治博弈中建立了紧密的联系。

中国瓷器所引发的狂热不仅显现在欧洲诸国王室的订单中，探索应需求激增而出现的专门仿制瓷器的陶艺匠，也能让我们一窥究竟。里斯本的制陶界从瓷器上的装饰性纹样中汲取了不少养分。诸多证据表明，当时的葡萄牙首都呈现出蓬勃旺盛的生产力。[15] 自 1592 年起，里斯本手工业的行业法规中制定了针对不同种类陶瓷器物的明确规范。在《手工艺人员管理书》（ *Livro de regimento dos officiais mecânicos* ）中还包含了一个专门的章节，规定了陶瓷业务中所涉及的规章制度与从业者的资质要求。从揉捏黏土到制作出精美的餐具，所有操作步骤和相应的品质要求都有精确的定义。其中明确规定：每个想要取得制陶匠资格的手工艺人，都必须通过制作多种

图 3　仿中国瓷器白釉蓝彩陶瓶
葡萄牙
1600—1625
50.5 × 31 厘米
里斯本 M.P. 收藏

类别的作品来证明自己的专业知识和技能，其中也包括瓷器。"同样，（他）还要知道如何以瓷器工艺来制作汤碗"。[16] 对中国瓷器的模仿从里斯本蔓延开来，甚至有些陶器工坊专研此道，这与需求的日益增长不无关联。[17] 若昂·巴蒂斯塔·拉瓦尼亚（João Baptista Lavanha）在 1619 年腓力三世进入里斯本城的记录中提到了这种生产活动。[18] 在一连串对陶匠手艺的描述中，陶艺之神被描绘成左手放在陶工轮上，右手捧着一个仿中国瓷器的花瓶[19]，神像侧面还刻着一句豪言壮语的徽标，宣扬了葡萄牙产品的传播效率："我们的产品也能销往各地。"[20] 釉料纯净、釉质均匀、图案丰富多变，里斯本工坊出产的彩陶具备了这些特点，使其在国内乃至海外市场都广受欢迎（图 3）。就这样，大批作品输到汉堡和阿姆斯特丹，葡萄牙裔犹太人在那里建立起庞大的社区，尤以弗洛伊恩堡（Vlooienburg）区最为集中。[21] 目前考古发掘出的文物中，有一定数量都带有葡萄牙后裔的家族纹章。[22]

在卡斯蒂利亚这边，瓷器展现出的魅力同样催生了专注研发仿制瓷器的新型陶艺家。塞维利亚和塔拉韦拉-德拉雷纳（Talavera de la Reina）[23] 产业中心的文献档案证实了这一现象。塔拉韦拉陶匠汤玛斯·佩雷兹（Tomás Pérez）在 1627 年以"中国画家"的身份出席了儿子的洗礼。[24] 从这一称谓中可以推测出，他生产陶器的品种包括从简单的盘子到瓶、罐类，同时采用了与中国瓷器共鸣的纹样。调色技艺受限于钴蓝料，也决定了产出作品质量。同样的专业化现象在瓦卡雷斯侯爵（Marquis de Vacares）1627 年撰写的题为《塞维利亚地区出产商品总价率》（*Tassa General de los precios a que fe an de wender las mercaderias en efta Ciudad de Seuilla y fu tierra*，简称《总价率》，下同）的文章中也有所呈现。[25] 作者提到了 15 种陶瓷品类及其制造过程中所需的物料成本。其中有一个很特殊的类别被称为"假中国釉陶"（*Vidriado contrahecho de China*）[26]，似乎"仿冒中国瓷器的彩陶器"一词已经光明正大被使用了。虽说只是仿制品，这些造价比本土陶器高出 28—84 马拉维地（maravedi，西班牙古铜币）的彩陶器仍然供不应求。《总价率》的分析显示出，蔚然成风的中国瓷器仿冒版确实是陶工业务中的组成部分。这些作品在热衷于精美仿品的顾客追捧下也变成了奢侈品，成为引发陶器商激烈竞争的根源。这类冲突在 1649 年胡安·查瓦里亚（Juan de Chavarría）、路易·洛艾萨（Luis de Loaysa）和弗朗西斯科·埃雷拉（Francisco de Herrera）对穆尼奥斯·巴莱斯塔（Muñoz de la Ballesta）提起的诉讼中体现得尤为明显。后者由于获得了皇家议会授予的特许权，[27] 在"仿中式"陶器制造领域建立了不正当竞争关系，垄断了此类新型产品的生产并阻碍其他同行介入：

"上述胡安·查瓦里亚曾提起一项诉讼，其中涉及去年……陶器商穆尼奥斯·巴莱斯塔成功获得了仿制中国瓷的权利，即阻止其他制陶师制造该产品，从而取得绝对控制权并垄断生产……" [28]

在宫廷之外，拥有一件仿制瓷器对附庸风雅的资产阶级而言也成为了一种独有的特权。瓷器价格居高不下，这些高仿品或曰次等品恰恰迎合了顾客对拥有"时尚"物品的渴望。

杂糅交错的装饰形象语汇

1600—1625 年的葡萄牙陶器在装饰上仍然与瓷器非常相似。不过表面上的模仿并不妨碍陶匠们在装饰上发挥创新融合的能力。餐盘、壶罐、碗碟与盆钵，每个陶器品种都提供他们机会以精进中国纹样绘制与万历瓷特有蓝色的调配技艺（图 4）。[29] 这件陶罐是 17 世纪前 30 年葡萄牙生产初期的一个罕见例子，它在装饰中运用钴蓝料，穿插呈现瓷器典型的花卉元素，透露出仿效中国瓷的明显意图。罐身隆起部分划分成四大块椭圆形开光，交替绘有山茶花、荷花和桃花。在天蓝色的方格状地衬托下，顶端带有"如意"纹的白色饰带将花卉框彼此间隔开来。花纹谨遵中国传统的丰富纹饰搭配，展现出作者对作品仿真度和图案运用准确性的重视。有些作品中还有不同装饰元素的融合，其中既有来自中国的装饰语汇，也从瓦

图 4　仿中国瓷器白釉蓝彩陶罐
葡萄牙
1600—1625
高 40 厘米
里斯本 M.P. 收藏

伦西亚或蒙泰卢波（Montelupo）彩绘陶器独有的伊斯兰装饰图案中汲取了很多灵感。几何图案穿插其间，令人不禁联想到莫德加尔（Mudéjar）的传统，极尽繁复地使用辐射、螺旋、三角形和正方形等形状，呈现出一种"厌恶虚空"（horror vacui）的意象，象征着不同传统风格的混合。这些作品形式多变，各具特色，展现出葡萄牙作坊旺盛的生命力。材质、釉料、浓郁的钴蓝色彩，以及在东方韵味的纹饰上推陈出新，无不勾勒出当时生产发展的蓬勃景象。

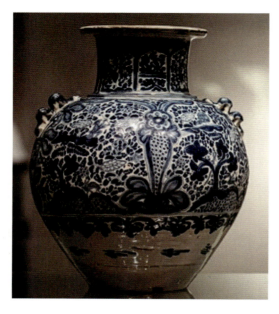

图 5　白釉蓝彩大陶罐
普埃布拉（Puebla de los Angeles）
17 世纪
具体尺寸不详
墨西哥 Franz Mayer 博物馆藏

　　1625—1650 年之间，中国主题样式经过改编与创新，参与到了欧洲与东方的美学对话之中。[30] "军持"的造型来自蟾蜍、大象或幻想异兽，[31] 这类器物对里斯本陶艺匠们的想象力和技术提出了考验。豪尔赫·威尔士（Jorge Welsh）收藏中的一件军持出自 17 世纪上半叶葡萄牙首都的工坊，对展示如何吸收同化中国瓷器的范式很具有代表性。[32] 这只坐姿的狗或豹，外形特征呈现时人惯用的手法，结合了钴蓝料和一层锡釉。这件作品的纹饰展现出不同装饰美学传统的融合。笔触简洁而又富于装饰韵味。线条、点和椭圆描画细致，产生的纹理效果和植物花卉图案组成的盘沿花纹相映成趣。工匠用致密的蓝色轮廓来强调动物的体态特征，或装点它生动类似人的面部表情，或烘托身躯骨肉的饱满。这是一套在葡萄牙陶匠中广泛运用的技法，无论盆、盘、碗、罐、瓶还是水壶皆有使用。

而葡萄牙国家古代艺术博物馆的一件盘（典藏号 2386Cer）则呈现出所谓"前蜘蛛"风时期（Pre-Aranhão）的代表性装饰。按照标准范式，陶匠们常会堆砌许多具象的场景、族徽和宗教纹章，以及动物在茂叶繁枝间穿行的景象。盘沿纹饰为画面整体锦上添花，常饰以艾叶和格式化的中式系带卷轴纹饰，像蛛网一般铺陈展开。这种纹饰组合还流传到了塔拉韦拉 – 德拉雷纳镇的工坊。这样一种风格被称为"蝴蝶"（mariposas），很快被采用并融合到卡斯蒂利亚的纹样图谱中。[33] 中国与葡萄牙的双重影响在塔拉维拉的作品中显山露水，正是由于在边缘装饰中融入了这种图案，并进行了重新诠释甚至简化。这种审美在伊比利亚半岛的工坊间传播，在新世界的领地上也引发了共鸣。中国瓷器范本被西班牙武装商船从马尼拉带到阿卡普尔科港，和早在那里生根发芽的塔拉韦拉混合纹饰不期而遇，后者已传遍"新西班牙"，尤其在陶器生产重镇天使之城普埃布拉（Puebla de los Angeles）[34] 流传甚广（图 5）。

随着地位逐渐稳固，这种混搭风格呈现出显著的变化，在装饰布局上更进一步。作品的构图采用同心圆结构，将中国人物、欧洲少妇、人鱼、荷花、菊花和佛教符号全都汇集在同一平面上。这些纹饰显现出作品创作相对的独立性。这类陶器展现的主题多种多样，装饰繁复造作，甚至还用褐色的锰料来勾勒形象轮廓。图 6 的"美人盘"上了一层白色釉，钴蓝色的混搭装饰交织着来自东西方的形象。根据背面的铭文，这件盘子纪年 1668 年，上面绘有精巧雅致的所谓"细线条图"（desenho miudo）。[35] 数十年前的那种粗厚笔画被缩减成了细腻的锰褐色勾线。盘沿上装饰的风景、人物也发生了演变，繁茂的植被与欧洲或奥斯曼式的建筑图案搭配在一起，景象一派祥和。盘子四周点缀着带有烟囱的房屋、角塔和凉亭，排列得有条不紊。这种富有韵律感的装饰在盘缘部分尤为突出，图案完美对称重复出现，让人联想到佛教曼陀罗的构图。不过在这里，宗教维度已然被排除在外，只保留了对称的结构用以吸引目光。相互对照的图案在盘心呈辐射状散开，盘内中央绘有一位沐浴中的裸体女人。"美人"画得线条优雅，曲线玲珑，颇似拔示巴或苏珊娜出浴图，令人不禁想起意大利文艺复兴时期马约里卡彩陶上的女性形象[36]。这件餐盘所属的年代，正是标志着装饰纹样主要转向具象表达，追求形象精确、细节丰富的时期。女性全身、半身像，神话、寓言中的人物和同时代名人环绕在具有象征性和植物纹饰的边框中，铭文徽章和缤纷的网格装饰交缠在一起。这些优雅简练的线条与代尔夫特和讷韦尔两地的陶器互相呼应，[37] 它们"引用"中国装饰语汇时，也只是稍加暗示而不再一味模仿。商人们对里斯本陶器的青睐，逐

图6　白釉蓝褐彩"美人盘"
葡萄牙
1668 年
口径 41.1 厘米
葡萄牙国家古代艺术博物馆藏
2400Cer

渐转向法国和荷兰的陶都。如果说 17 世纪上半叶陶瓷贸易的特征是葡萄牙出口陶器，并在国内精英阶层中畅销，到了下半叶则呈现出相反的下滑趋势。顾客主体变成不太挑剔的本国客户，陶器也变得更具实用性。最后这一点从 17 世纪末（1650—1700）所谓"蜘蛛"风产品上图样和施蓝色釉料的粗糙工艺上便可看出来。

　　从简单模仿到天马行空地诠释，葡萄牙与西班牙的陶器生产都展现出了对现成模式进行组装整合，反映出不同文化审美传统的相汇和交融，以及把纹饰图谱从一种介质转置到另一种介质的能力。

图7　白釉蓝彩开光花鸟纹陶盘

讷韦尔，康拉德制

约 1645 年

高 2.3 厘米，口径 24 厘米

法国塞夫尔国家陶瓷馆

MNC8614

从彩色图案到中国蓝

从瓷器到餐具，从餐具再到阿兹勒赫彩陶画砖，图案主题随物品流通而改变，展现了陶匠们顺应新潮流对纹饰进行调整和阐释的能力。除了模仿工艺流程之外，陶匠们也把瓷器作为灵感来源，在制作彩陶画砖时也毫不犹豫信手拈来，将不同原型搭配组合，直至创造出新的混搭形象来。[38]

梅花鹿、牝鹿、狍鹿、麋鹿在彩色陶砖饰面上屡见不鲜，其构图与线条轮廓无不令人想起瓷盘上充斥的形象（图8—9）。[39] 鹿在中国文化中象征长生不老，运用到祭坛及其他陶制祭坛饰面上，也同样地具有象征意义。本义并没有改变，只是转换到了欧洲文化背景之下。鹿是永生之神"寿星老"的坐骑，在基督教文化中，它是诺亚方舟乐园中的动物之一，也是圣徒传记里的常客，这种动物承载的内涵并不单纯，它出现在彩陶画砖的装饰系统中绝非牵强附会。[40] 道教文化中的常见形象转换至基督教语境下，取决于其在接收者领域中不同用途的和谐性。中国瓷器图案主题的传播不仅属于审美品位史的范畴，还反映了转换操作中经过深思熟虑的创造过程。陶艺师所采用的瓷器纹饰绝非异想天开随笔而就。他们要顺应宗教装饰系统的规划，使用每个图案或形象元素都必须遵循其寓意。

图8　白釉蓝彩开光鹿纹盘
葡萄牙
16 世纪晚期至 17 世纪早期
高 5 厘米，口径 30.4 厘米
葡萄牙国家古代艺术博物馆
7535Cer

图9　祭坛彩陶砖画
葡萄牙
1600—1650
55.5x 83.5 厘米
葡萄牙国家瓷砖博物馆
133AZ

除动物图样外，植物也能设计出可以无限延展的装饰组合与程式。瓷器盘沿上图案化的枝杈、花朵与小虫，也能被安置到装饰建筑三角楣的彩陶砖中，保留下基督徒所能理解的象征意义。瓷器、仪礼织物或家具上的牡丹，象征着尊严、高贵与荣华。这类花卉原型有时也被称为芍药、茶花或玫瑰，广泛运用在不同形制中，但都遵循着原有的暗喻象征。作为引申，这位"花中女王"也体现了女性气质与情爱。这层意义为人们感知并接受，是因为这类花常被使用在祭坛装饰中，且有多种不同的形式。牡丹（芍药属植物）被誉为"圣母的玫瑰"，也被称作"无刺玫瑰"，暗喻童贞圣母以及她所代表的纯洁与爱的信息。牡丹常被表现得形似茶花，很长一段时间里被诠释为"玫瑰"。16世纪的葡萄牙商人从日本带回了山茶花（被称为"camellia japonica"或"tsubaki"，现在通常称为"camélia"），这种花在成为基督教纹饰后也被赋予了新的含义，象征神圣。山茶花随后在中国被培育出近250个品种，无疑也促使瓷砖画中这类图案以不同的形样发挥到了极致（图10）。[41]

中国瓷器的图案和具象纹饰所带来的灵感，大大丰富了17世纪的教堂与宫殿装饰。商品流通为陶砖纹饰种类的多样化提供了基础。从图案到颜色，转变悄然发生。从17世纪最后30年起到整个18世纪，阿兹勒赫陶砖作品的独特之处都建立在精简为蓝、白两色的色彩，和熟能生巧的纹样绘制技术之上。卡斯蒂利亚的工坊也投入到了这种纯蓝产品的生产中。

"赝品之乡"塞维利亚很早就接受了用蓝、白双色釉陶砖装饰墙面，相反在葡萄牙则直到1670年代才真正开始对它的应用。科珀斯—克里斯蒂

图10　山茶花彩陶砖画
　　　葡萄牙
　　　115 x 115 厘米
　　　葡萄牙国家瓷砖博物馆
　　　385AZ

图 11 圣彼得 诺拉斯克蓝彩陶砖画
塞维利亚
1630 年
科珀斯－克里斯蒂修道院
© Céline Ventura Teixeira

修道院（Corpus Christi）正面外墙镶嵌的一组画像陶砖制作于 1630 年，表现了圣彼得·诺拉斯克（Saint Peter Nolasque）的形象。这小组陶砖宣示了审美风向的转变，即人们倾向于欣赏这种更为经济（仅使用氧化钴料）的新形式（图 11）。匠人们对钴蓝色调细微差别的掌控已臻于完美，之后得以创造出场景复杂的大组件。而葡萄牙这边，曼努埃尔·多斯·桑托斯（Manuel dos Santos）、安东尼奥·佩雷拉（Antonio Pereira）、缩写署名"PMP"的画师、安东尼奥·奥利维拉·贝纳德斯（Antonio Oliveira Bernardes）以及他的儿子波里卡波（Policarpo），都是运用蓝料绘画技巧精湛至极的大师级人物。[42] 他们活跃于 1700 年至 1725 年之间，见证了这个绘画技术的日臻完善。随着色彩变化愈加细腻，表现人物轮廓、体态凹凸、加工衣褶和透视效果的技法都得到了加强。陶砖画家展现出丰富的常识和对画面最终效果的预见能力（图 12）。真正的彩陶绘画到来，"三王来朝""圣母领报""圣经故事"以及各种田野与狩猎场景，源自镂版或绘画作品的元素组合在一起，显现博学多闻的文化底蕴。勒博特尔（Pierre Lepautre）、让－巴蒂斯特·奥得瑞（Jean-Baptiste Oudry）和于基埃（Huquier）的版画为彩色陶砖画家带来了诸多灵感，他们用蓝色的渲染效果和不同深浅的色调去呈现画作中诙谐戏谑的室内场景。[43] 形式不断重复再现加上潮流碰撞交织，导致时尚的风向往复来回，例如"中国风"或 18 世纪绘画在陶砖组画中大放异彩。

图 12　拉撒路的复活蓝彩陶砖画

传为安东尼奥·德·奥利维拉·贝纳德斯（António de Oliveira Bernardes）

1715 年

葡萄牙埃武拉仁慈教堂

© Céline Ventura Teixeira

　　中国瓷器以其明亮的光泽与上乘的品质带来了实质性的影响，尽管其制造技术在当时的欧洲还是个谜。里斯本的工匠在仿制这些作品时，极力复原它们形式与质地上的品质。如果说文学著作与档案文献是提供认识这些新文化的精神食粮，那么物品与艺术则可谓是文化"混血杂交"的物质实体。葡萄牙陶器透过对外来形式进行收纳整合、改头换面并重新阐释，显示出对来自中国装饰语言的原创性混合。伊比利亚的彩陶和彩陶画砖拥有丰富的装饰词汇，展现了不同审美体系融合在同一层面的跨文化现象。瓷器实现了艺术的对话、形式的游徙，经它塑造的艺术语言又反过来表达出这些文化交流的价值。

译者：杜甦

审校：曹慧中

193

〔1〕 Gruzinski,Serge, *Les quatre partiesdu monde*,Paris,Édition de la Martinière, 2004, p. 322.

〔2〕 Crick, Monique, *Sur la route des épices et des porcelaines de la Carreira da India aux Indes néerlandaises, XVe- XVIIe siècles*, in *Le Bleu des mers. Dialogues entre la Chine, la Perse et l'Europe*, Genève, Fondation Baur, Musée des arts d'Extrême-Orient, 2017, pp. 17—21。

〔3〕 据葡萄牙国家档案馆编年档案记载：礼单所列举的大量物品中，除瓷器之外还有琥珀、织物及其他东方物产。Arquivos Nacionais de Torre de Tombo, Corpo Cronológico, Parte I, maço 13, n°10, 1 fol r-v.

〔4〕 Pérez, Joseph, Histoire de l'Espagne, Paris, Fayard, 1996, p. 40. 另参见Gil, Juan, *Balance de la Unión Ibérica. Éxitos y fracasos* in Ventura Maria da Graça (coord.), *A União Atlântica*, Lisboa, Colibri, 1997, pp. 367—385.

〔5〕 葡萄牙的现存藏品数量可观，而西班牙的博物馆却只藏有寥寥几件，我们如今只能根据王室财产清单来估算腓力二世订购的瓷器数量。参见：Krahe, Cinta,*Chinese porcelain in Spain during the Habsburg Dynasty*,*TOCS* , vol.77, 2012—13, pp.25—37.

〔6〕 Biblioteca Nacional de Portugal, Severim de Faria, Manuel, *Noticias de Portugal offerecidas a El-Rey N.S. Dom Ioão IV*, Lisboa, Officina Craesbeeckiana, 1655, Res. 1645A, fol.4.

〔7〕 该建筑今为法国驻里斯本大使馆。1497年费尔南·洛伦索（Fernão Lourenço）在入手此住宅后将其归入王室产业。经御用建筑师若昂·德卡斯蒂略（João de Castilho）几番整修，国王曼努埃尔一世入驻其中，并将自己的衣橱和大部分收藏品都搬了进来，其中包括大量武器、佛兰德挂毯，以及来自亚洲的纺织品和家具。若昂三世统治时期，兰开斯特家族（Lancastre）于1629年购得该宅的永久所有权。Soromenho, Miguel, *La salle des porcelaines du Palais de Santos*, in *Un firmament de porcelain. De la Chine à l'Europe*, Paris, RMN, 2019, pp. 47—55.

〔8〕 参见Lion-Goldsmith, Daisy,*Les porcelaines chinoises du palais de Santos* , *Arts asiatiques*, tome 39, 1984, pp. 5—72。

〔9〕 Salinas Calado, Rafael, *A porcelana de China como fonte de inspiração da decoração da faiança portuguesa no século XVI*, *Oceanos*, Junho 1993, n° 14, pp. 76—83.

〔10〕 Pérez, Joseph, *Histoire de l'Espagne*, Paris, Fayard, 1996, p. 40 ; Veríssimo Serrão, Joaquim, *O tempo dos Filipe sem Portugal e no Brasil (1580-1668)*, Lisboa, Edições Colibri, 1994, p. 247.

〔11〕 Krahe, Cinta, *op.cit*, p. 25.

〔12〕 Pleguezuelo，Alfonso (dir.), *Lozas y Azulejos. De la colección Carranza*, Castilla-La-Mancha, Junta de Castilla-La-Mancha, 2002, vol. I, p. 253.

〔13〕 Díaz, Rocío, *Porcelana china para España*, Londres, Jorge Welsh Books, 2010, p. 74 ; Conde y Cervantes, José Ignacio, *Las armas reales de España en la porcelana china de exportación*, in Amaya Garritz y Javier Sanchiz (coord.) *Genealogía, heráldica y documentación*, México Universidad Nacional Autónoma de México, Instituto de Investigaciones Históricas, 2014, pp. 513—532.

〔14〕 同注13, p. 520.

〔15〕 据葡萄牙国家图书馆馆藏，若昂·布兰当（João Brandão）著于1552年的《里斯本市的威严、宏伟与财富专论》（*Tratado da Magestade Grandeza e Abastançada Cidade de Lisboa*）记载，当时里斯本有60座窑专门被用于生产各类陶瓷器皿。

〔16〕 Arquivo Municipal de Lisboa, *Livro dos regimentos dos officiais mecanicos da mui nobre e sepre leal cidade Lixboa* 1592,*E o que se quiser examinar de louça vidrada [...] Item faraa escudelas de feição de porçelama.:Cap. XLIII. Do regimento dos oleiros* , fols. 164—168.

〔17〕 Correia, Vergílio, *Oleiros e pintores de louça a azulejos de Lisboa* , *Atlântida*, vol. VIII, n° 29,1918, p.537 ; Mangucci, António Celso, *Olarias de louça e azulejos da freguesia de Santos-o-Velho dos meados do século XVI aos meados do século XVII*, *Al-Madan*, IIa Série, n°5 Outubro, 1996, pp. 155—161.

〔18〕 Ventura Teixeira, Céline, *L'Azulejo, la genèse d'un art. Regards croisés sur les ateliers de la péninsule ibérique au temps des Philippe (1556-1668)*, Paris, Éditions Mare & Martin, 2019, p.p. 192—197.

〔19〕 Biblioteca Nacional de Portugal, Lavanha, João Baptista, *Viagem da Catholica Real Magestade del Rey D. Philippe II N. S ao reyno de Portugal*, Madrid, Thomas Iunti, 1622, fol. 30.

〔20〕 同注19, fol. 30。

〔21〕 Baart, Jan, « Faiança portuguesa escavada no solo de Amsterdão », *Faiança portuguesa 1600/1660*, Lisboa-Amsterdão, 1987, p. 26.

〔22〕 Keil, Luis, *A faiança de Hamburgo e as suas analogias com a cerâmica portuguesa do século XVII* , *Boletim da Academia Nacional de Belas Artes*, n° 3, pp. 44—47.

〔23〕 译注：塔拉韦拉–德拉雷纳（Talavera de la Reina）是西班牙中部卡斯蒂利亚–拉曼恰托莱多省的一个市镇。

〔24〕 González Muñoz, María del Carmen, *Notas sobre la cerámica de Talavera*, *Archivo español de Arte*, n° 209-212, Madrid, 1980, t. LIII, p. 357.

〔25〕 Biblioteca Universitaria de Sevilla, *Tassa general de precios que se an de vender las mercaderias de esta ciudad de Sevilla y su tierra*, 1627, Estante

188, n° 84, [196] fols..

〔26〕 同注25, fol. 72。

〔27〕 Ventura Teixeira, Céline, *L'Azulejo, la genèse d'un art, op. cit.*, p. 327.

〔28〕 Archivo de la Real Chancillería de Valladolid, Ejecutoria del pleito litigado por Juan de Chavarría, alfarero, vecino de Talavera de la Reina (Toledo), con Luis de Loaysa, Francisco de Herrera y consortes, 1649, Leg. 1393, 80, Caja 2765, 80, fol. 1.

〔29〕 特展图录: Pinto de Matos, Maria Antónia, *A porcelana chinesa : referência essencial na faiança portuguesa de seiscentos* , in *A influência oriental na Cerâmica Portuguesa do s.* XVII, Milão, Electa, 1994, p. 14 et p. 78 ; 特展图录: Pinto de Matos, Maria Antónia (coord.), *O exótico nunca está em casa? A China na faiança e no azulejo portugueses (séculos XVII – XVIII)*, Lisboa, Museu Nacional do Azulejo, 2007, p. 233。

〔30〕 Monteiro, João Pedro, *Um prato da Restauração e a opção pelo Oriente na faiança portuguesa do século XVII* , *Revista Oriente*, n° 7, décembre 2003, Lisbonne, Fundação Oriente, pp. 54—64.

〔31〕 译注：军持（Kendi），梵文kundikā，也译作军迟、君持、君迟、捃稚迦，是一种云游僧盛水器。

〔32〕 特展图录 : *Un Siècle en Blanc et Bleu. Les Arts du feu dans le Portugal du XVIIe siècle*, Galerie Mendes, Paris, 2016, p. 88。

〔33〕 Seseña, Natacha, La cerámica popular de Castilla La Nueva, Madrid, Editora Nacional, 1975, p. 142.

〔34〕 Castro Morales, Efraín, *Puebla y Talavera a través de los siglos*, *Artes de México*, 1989, n° 3, p. 12.

〔35〕 特展图录: Nobre Pais, Alexandre et Monteiro, João Pedro, « O exótico na faiança e no azulejo portugueses do século XVII », in *O exótico nunca está em casa ? A China na faiança e no azulejo portugueses (séculos XVII-XVIII)*, Lisboa, Museu Nacional do Azulejo, pp. 59-79。

〔36〕 Ventura Teixeira, Céline, *Les porcelaines de Chine... op. cit.*, p. 55 ; 特展图录: Nobre Pais, Alexandre et Monteiro, João Pedro, ibid., p. 75。

〔37〕 同注36，p.75。

〔38〕 Ventura Teixeira, Céline, *A Palimpsest of Ornaments: the Art of Azulejo as a Hybrid Language* , *Renaissance Studies*, Special Issue,'Visual and Spatial Hybridity in the Early Modern Iberian World' edited by Laura Fernández-González and Marjorie Trusted（网上已发布, 纸质版即将出版）.

〔39〕 特展图录: *Um Gosto Português. O uso do Azulejo no Século XVII*, Lisbonne, Edição Babel – Museu Nacional do Azulejo, 2012, pp. 282-283。

〔40〕 特展图录: *O exótico nunca está em casa ? A China na faiança e no azulejo portugueses (séculos XVII-XVIII)*, Lisboa, Museu Nacional do Azulejo, pp. 206—209。

〔41〕 Monteiro, João Pedro, *A faiança de infuência chinesa no contexto da produção cerâmica seiscentista em Portugal*, in *Património Cultural chinês em Portugal*, Lisbonne, Centro Centífico e Cultural de Macau, 2015, p. 125 ; 特展图录: *O Brilho das cidades*, Lisboa, Fundação Calouste Gulbenkian, 2014, p. 248.

〔42〕 Santos Simões, João Miguel (dos), *Azulejaria em Portugal no século XVIII*, Lisboa, Fundação Calouste Gulbenkian, 1979, p. 211.

〔43〕 Rebelo Correia, Ana Paula, *Chinoiseries, chinesices e azulejos com chineses : modelos e fontes de inspiração*, in *O exoótico nunca está em casa ?, op. cit.*, pp. 111-122.

18 世纪德国迈森瓷器风格形成、转变及欧洲流传 [1]

吴若明

南开大学

一、源起：宫廷文化和亚洲瓷器

欧洲宫廷文化开始于中世纪。中世纪的德、法贵族间存在着密切的政治联系和私人联系。神圣罗马帝国的疆域包括了北海道——地中海之间法语和法兰西文化流行的广阔区域。法兰西文化占统治地位的地方在 12 和 13 世纪有着巨大的吸引力，影响到德意志南部。德意志诸侯纷纷把儿子送到法兰西去接受教育。[2] 这样的习俗一直延续到十七十八世纪。法国的宫廷文化也影响着德意志等周边地区。"宫廷"一词最早出现在《皇帝编年史》和《罗特王》等文学作品中，它表明宫廷是文学活动的场所，与"宫廷"文化领域密切相关，这种文化产生于 12 世纪的欧洲宫廷。"宫廷"即"Höflisch"，在德语中有"宫廷的、骑士社会的"及"高雅的、优雅显贵的"两层意思。[3] 诸侯宫廷也是社会和文化的中心，吸引大批的艺术家等人员前来，对时代的追求具有一定的带动和促进。

17 世纪的德意志以开明专制（Aufgeklärter Absolutismus）之名推行一种持续性的现代化和理性化过程。在巴洛克式样王宫里的邦城君主们采取差异性的管理措施，并重用教育程度较高的专业人士。[4] 由法国路易十四太阳王（Louis-Dieudonné）所建的巴洛克风格的代表建筑凡尔赛宫，其内富丽堂皇，处处可以见到中国瓷器的摆设，并有专门的中国陶瓷室，带动了欧洲其他皇室对于类似宫殿的建造和装饰效仿。德国也同样受到影响。自 18 世纪初，德国东北部的萨克森地区选帝侯奥古斯都二世任命其宫廷建筑师马特乌斯·丹尼尔·珀佩尔曼（Matthäus Daniel Pöppelmann）在德

图1　德国德累斯顿茨温格宫

累斯顿开始建造茨温格宫（Zwinger）（图1）并购买周边的荷兰宫（今日本宫）等巴洛克风格建筑。

随着航海技术的进步和亚欧直接贸易的发展，欧洲和中国交流日益增多。欧洲皇室贵族兴起对亚洲艺术品的收藏风，法国路易十四等皆有大量的以中国瓷器为主的东方收藏，并在宫殿中相应的地方做装饰，与宫殿建筑的金碧辉煌相得益彰。相对于路易十四对于远东艺术品的收藏，17—18世纪德国东北部的萨克森地区选帝侯强壮者奥古斯都也同样热衷于亚洲艺术品的收藏，特别是中国和日本瓷器，以镶嵌、装饰架、壁炉摆放等多种形式装饰在富丽堂皇的巴洛克宫殿中，成为这一时期的奢华符号之一。

二、发展：萨克森时代历史及瓷业概况

17世纪下半叶以来，西欧地区由于法国路易十四的扩张主义，与欧洲很多边界国家处于一定的冲突之下，如与德意志南部地区的普尔法茨战争等。此外，曼海姆、沃尔姆斯及符腾堡这些南德地区的国家都曾和法国有所征战。法国同时还对主要贸易对手荷兰发动过战争。西班牙则因为继承

权等问题爆发继承战。围绕波罗的海海域的北欧也相互间有所争夺。而位于德意志北部地区的萨克森选帝侯"强壮者奥古斯都二世"同时成为波兰王，相邻的普鲁士也日益崛起。政治局面的相对稳定迎来了文化艺术等的积极发展。1694 年，强壮者奥古斯都取得了继承权。他注重政治和经济的改革以及军事发展，成功地开始了对萨克森地区的统治，并开创了繁盛的萨克森奥古斯都时代，即由奥古斯都二世及其继承人统治该地区的全盛时期（1694—1763）。[5]

萨克森宫廷藏瓷以奥古斯都二世旧藏为主体，经整理登录的已有两万余件，均记录在德国国立德累斯顿艺术收藏馆 1721—1727 年东亚瓷器历史档案中，目前存世仍有一万余件。随着奥古斯都二世中国瓷器收藏的日渐丰富，他进一步激起了在自己的领地上生产陶瓷的渴望。紧邻萨克森首府德累斯顿的迈森，是欧洲最早生产硬质陶瓷的地方。17 世纪，欧洲主要陶瓷种类为粗陶（Irdenware）、精陶（Steingut），以及炻器（Steinzeug）。粗陶，或称砂陶，坯体密度较低，具有吸水性；精陶可用氧化锡施以白色底釉，再进行彩绘装饰，也称为费昂斯（Faience / Fayence）。奥古斯都二世以收藏中国和日本的瓷器而著称，并任用化学家埃伦弗里德·沃尔特·冯·慈恩豪斯和约翰·弗里德里希·波特格尔等人尝试烧造硬质瓷。波特格尔本是为普鲁士国王腓特列大帝工作的炼金师，但多年实验无果，辗转至相邻的萨克森地区。奥古斯都二世则期待波特格尔能够生产出自己梦寐以求的瓷器，并安排波特格尔等人在德累斯顿附近迈森中世纪遗存的阿尔布莱希特城堡（Albrechtsburg）（图 2）中进行瓷器的烧造实验，参加实验的还有当时萨克森州的一些物理学家。1707 年，波特格尔和助手们在附近寻找瓷器原料的时候，不仅选择了附近的瓦尔登堡市（Walsenburg）土矿，并且也从科迪斯地区（Colditz）开取矿源，而这两地的矿中含有对生产瓷器最为重要的高岭土（Kaolin）。在随后的实验中，他们还添入了助熔作用的类长石（Alabaster），从而烧造出类似瓷器的炻器，并在 1708 年 1 月 15 日成功地烧造出硬质瓷，即真正意义上的瓷器。此后，在波特格尔及约翰·艾铭格（Johann Jacob Irminger，1635—1724）、约翰·格里奥·海洛特（Johann Gregorius Höroldt，1696—1775）等人的努力下，青花、粉彩、珐琅彩、金彩等不同装饰工艺的瓷器得以发展，并在变化中形成其独特风格，在欧洲各地被广泛收藏，其制瓷工艺也影响了其周边地区。

图2　阿尔布莱希特城堡（Albrechtsburg）

三、异域风尚：迈森瓷器造型色彩的选择性偏好

在迈森瓷器的烧制初期，选帝侯奥古斯都二世收藏的中国和日本瓷器是迈森瓷厂模仿的主要对象，并在对亚洲瓷器的模仿中，融入欧洲艺术风格和审美特征，在器型及装饰上精雕细琢，推陈出新。而来自亚洲舶来品中的一些具有异域风尚的装饰图式和元素等则被有选择性偏好地运用，经创新发展成为独具风格的迈森瓷器。

（一）红陶茶壶与花鸟装饰：波特格尔陶

外销欧洲的宜兴紫砂常被统称为"Yixing Stoneware"，即"宜兴炻器"，其中数量最多的茶壶被称为"Yixing Teapot"，宜兴茶壶。自17世纪以来，荷兰东印度公司等航海贸易常将这些来自宜兴的紫砂茶壶随青花、五彩等外销瓷一起销往欧洲，萨克森宫廷也陆续收藏紫砂茶壶。宜兴紫砂壶多以朱砂泥为胎，呈色暗红，同时包括少数段泥和紫泥茶具。器型和国内茶壶相近，以圆形茶壶为主，制作中以打身筒工艺，即将泥条置于转盘上，以拍打身筒的成型方式制作紫砂茶壶。再按照规格用泥料搓弯制作壶嘴、弯錾，并辅以规车制作壶盖。同时，萨克森宫廷藏紫砂中不乏方器，亦采用镶身筒工艺制作壶身，并以泥料搓制等方式完成其他部分。[6]

　　17 世纪下半叶的荷兰地区已开始仿制宜兴紫砂，代尔夫特的工坊不仅仿制宜兴紫砂茶壶的造型，还尝试用红陶仿制来自中国的白瓷瓷塑等[7]。18 世纪初，效力于奥古斯都二世的波特格尔也在迈森开始了对宜兴紫砂壶的模仿，即用陶土直接烧制的红色或褐色的陶器，被称为波特格尔陶（Böttger stoneware）。迈森仿宜兴紫砂壶所制产品均用迈森附近的当地红土烧制，器物多为分段模制，装饰上也多采用贴花浮雕装饰，以接近宜兴紫砂装饰效果。除茶壶外，波特格尔还制作其他器型，如以模印方式装饰的八棱花鸟盖罐等，既突出了宜兴紫砂自然审美的风格，又显现出德国迈森瓷厂陶瓷制作的精细缜密之风。波特格尔陶同时还采用多面切割、打磨抛光工艺，在不施釉的条件下也可在器物表面呈现瓷釉的光亮效果，并与金彩装饰、金属镶嵌相结合。1717 年，波特格尔尝试对红陶器皿的表面施以黑釉，这类波特格尔黑釉红陶被称为博卡罗陶（Boccaro ware）。[8]

（二）"洋葱头"经典样式：釉下青花

　　随着装饰彩釉的探索，釉下钴料的绘画开始出现在迈森瓷器中。初期的青花瓷器制造很多模仿了中国的青花瓷器，尤其是奥古斯都二世收藏的颇受喜爱、绘画精美的清代景德镇制康熙青花，成为迈森瓷器的仿制参照。尽管如此，迈森瓷器中的青花瓷器在绘画手法上，更加强调细腻的笔触和精制的勾勒，而明代民窑中常见的写意青花手法并没有被接受。同时，即使对中国外销瓷中青花主题的选择和再现，其在表现上仍有明显的偏好性，精制的花卉主题常常被以严密细腻的笔触表现，但明末常见的带有吉祥寓意的螃蟹纹，即使在欧洲收藏中也有，题材却不曾被模仿借用。明清外销瓷上常见的具有东方情趣的菊花、牡丹、飞禽、草石等常被以细腻的画笔勾勒点染，装饰于欧洲式样的有盖汤碗（Covered tureen）或仿中国造型的盖瓶上，并加以蜥蜴造型作为瓷器的浮雕装饰或碗盆的异形把柄。"八件系列盖瓶"制作于 1725 年左右，并在 1726 年首次在奥古斯都二世新购的荷兰宫（日本宫）中使用。而这种式样的汤碗造型则在 1722 年就出现在荷兰宫中。[9]此外，一些纹饰还产生偏差性表现，比较典型的是此后在迈森青花瓷器上一直流行的洋葱纹（onion pattern）。这种图样出现在 1728 年左右，来自康熙青花瓷，并受到日本柿右卫门（Kakiemon）装饰影响。主题纹样为盘心的菊花、牡丹与盘绕的竹子枝叶。边饰的花卉与瓜果相隔展开，桃子、石榴以及风格化的"东方瓜果"——洋葱。在 18 世纪这种受到东方装饰影响的纹样闻名于欧洲，被称为青花流行绘式"Blau und Weiss ordinairgemahlt（blue and white painted in the usual fasion）"。因其洋葱形象的突出和本土化，在 1850 年左右这种组合纹样被统称为"洋葱纹"，并以青花装饰广泛应用于各种餐饮器皿。[10] 该纹样借鉴自中国同期外销瓷纹样，模仿的是外销青花瓷盘边饰的瓜果纹。但是在欧洲类似形体偏小的瓜非常罕见，由于对纹样的误读和本土化的理解，逐渐形成独特的风格，人们常将其联系到欧洲常见的洋葱头，以德国本地常见的洋葱代替瓜果，因符合欧洲审美而盛极一时。[11]

（三）"中国风"与舒尔茨图样：釉上彩装饰

对迈森瓷器彩釉绘画装饰有重要影响的人物是约翰·格里奥·海洛特（Johann Gregorius Höroldt，1696—1775），他生于耶拿，当时在奥地利的维也纳瓷器作坊工作。他从维也纳赶来萨克森，效力于奥古斯都二世时，带来了蓝色和红色两种装饰釉彩。1731 年，海洛特成功创烧十六种釉上珐琅彩，随着彩色釉色域范围的丰富，迈森瓷器从最初的单色青花或红彩等装饰迅速发展到丰富的粉彩装饰。

18 世纪初期，德国迈森瓷厂创烧瓷器，早期有部分产品是对中国瓷器的模仿，或局部的更改。德国的"中国风"瓷器最初形成于 18 世纪 20—40 年代，其图像以富于异域风情的亚洲人物纹样为主，结合阁楼亭台、塔楼、服饰、华盖等东方元素，在《舒尔茨图集》的基础上，将个体的图像组合成固定的场景，并不断融合其他时尚装饰图案，形成风格独特的德国"中国风"装饰。

和欧洲其他地区相近，最初德国的瓷器釉色品种不多，以青、红二色为主。在"中国风"图像发展初期，还以对中国瓷器纹样模仿为主，同时一些欧洲设计、风格独特的"中国风"图像也开始出现，也有别于中国传统瓷器纹样。特别是德国奥尔斯堡的画家伊莱亚斯·贝克（Elias Baeck）在 18 世纪初曾出版了一套瓷器样式图录，描绘了一些东方背景的人物和肖像，这些对于早期迈森瓷器的"中国风"图案具有一定的参考性。[12] 随着釉彩技术的成熟和颜色种类的丰富，迈森瓷厂的设计师不满足于对亚洲瓷器单纯的模仿，开始了对装饰风格的探索，在模仿中国瓷器的同时，渐渐形成自己的风格。在 1722 年到 1740 年的近二十年间内，迈森瓷器从模仿中国或日本的以花卉、珍禽异兽等为主要题材的纹样转

图3　迈森瓷盘

1735—1740 年间

德国柏林工艺美术博物馆藏

图4　迈森咖啡壶

1725—1740 年间

德国多塞尔多夫陶瓷博物馆藏

变为独特的"中国风"纹样，以东方人物为主要装饰形象，辅以描金装饰。（图 3）这一时期，迈森瓷厂创烧多种装饰性釉彩的制瓷名家海洛特，以萨克森宫廷藏亚洲瓷器上的纹样、铜版画等为参考，借鉴德国耶稣会教士基歇尔在此前撰写《中国图说》《旅行报道》等文献，在 1725—1726 年间描绘勾勒设计了约一千件"中国风"图样，表现理想的中国人物和东方天堂，被迈森瓷器广为运用。中国的装饰图像被逐渐转变，形成"中国风"的瓷器。这些草图后来被收入到 19 世纪商人舒尔茨（Georg Wilhelm Schulz）的图样集（*Schulz Codex*）。部分设计图作为铜版画出版，也成为德国赫夫特乃至其他欧洲陶瓷厂坊中画工装饰的摹本。

德国"中国风"瓷器的类型多样，装饰的器型以服务欧洲饮食的日用咖啡壶（图 4）、餐盘、杯等为主，也包括茶壶、花瓶上的彩绘装饰以及瓷塑等。装饰包括器物主体面，如瓶、茶壶的腹壁或盘心位置绘以单一或组合人物形象；非故事叙事性表达，多为主题场景，如出行、拜谒、宴饮是最常见的场景。这些形态各异的东方人物是"中国风"装饰的重心，装饰技法以釉上珐琅彩及描金技法为主。作为主要的设计画师，海洛特将其极具异域风情的"中国风"装饰图案和洛可可时期盛行的卷草纹、花卉、贝壳涡旋等边饰图像组合在一起，这些花草纹样形态多变，以连续及变换组合形成开光或边饰，装饰在主题纹样的周围。瓶盖以及盘壁等位置则以相似情境的简约版人物和花卉、边饰等绘画，以及器物主体部分的装饰相呼应。[13]

德国的瓷器装饰将《舒尔茨图集》局部和其他亚洲图像，与洛可可风格中盛行的涡旋纹样等组合，侧重中国人物情境设置。这些频繁出现在瓷器上的"中国风"人物形象以男性官吏为主，包括仕女以及部分侍从、孩童等形象。比较德国藏中国外销瓷器，后者也不乏人物形象，除了宗教神仙人物，大部分是文人、高士或仕女形象，以及部分表现普通人民生活的纺织女、渔夫、农民等。而欧洲东方风格中流行的人物形象显然是皇帝、官员在朝堂或花园中的场景。这在中国乃至日本瓷器的人物图中都很少见，但是可能这样的主题更为欧洲皇室、贵族所喜爱。这些特定的拜谒、出行、宴饮等主题场景的绘画装饰，画面中往往伴随鹦鹉、孔雀、龙凤、猴子等东方风情的鸟兽以及象征东方世界的塔楼、亭阁等建筑。

四、传统趣味：迈森瓷塑与传统雕塑

（一）拟真世界：瓷塑动物

著名的雕刻师约翰·约阿西姆·凯恩德勒（Johen Joachim Kändler，1706—1775）在迈森瓷器发展中也是重要的奠基人，其本人更是被冠以"瓷器雕塑之父"的美称。迈森瓷厂也曾应强壮者奥古斯都二世之需，制作了大量形象生动、雕刻细腻的大型动物瓷像，由凯恩德勒设计制作完成。瓷像以瓷土塑形，比拟真实动物大小，坯体干燥后施透明釉色后入窑烧成。[14]形态偏大的，以亚非珍禽异兽为主要内容的瓷器雕塑群，包括孔雀、大象、犀牛等。这组雕塑组合在一起，被置于德国国立德累斯顿艺术收藏馆陶瓷馆前，形成一个颇有异域情调的伊甸园。据馆长皮奇教授解释，由于当时奥古斯都二世身体渐渐不好，坯体为赶工而缩短了原本计划的必需的干燥时间，在上透明釉入窑烧造后出现很多窑裂。为避免二次烧成中的更多损坏，这批瓷器没有再进行釉上彩绘装饰，以白色的素雅之色陈列在金碧辉煌的宫殿中。

图 5　迈森瓷器 猴子乐团

1740 年

德国迈森瓷厂

图 6　迈森瓷塑动物
18 世纪 40 年代
德国迈森瓷厂

　　此后，凯恩德勒在迈森的四十余年工作中，不断地设计出一批又一批的经典动物形象，其中包括猴子管弦乐团（Monkey Orchestra）（图 5），体型较小，诙谐有趣，施以彩釉。这是根据凯恩德勒在 1753 年创作的由 21 个猴子音乐家组成的滑稽管弦乐草图而制作的，在 18 世纪欧洲用于装饰宴会桌面，颇受欢迎，尽管其有一定的讽刺宫廷意味[15]。这些猴子形象也曾出现在"中国风"系列的釉上彩绘中。最早可以追溯到 1670 年出版的达帕所著《第二、三次荷兰东印度公司使节出访大清帝国记闻》，这本书的扉页铜版画插图，和1665年出版的较符合真实原景的《荷兰东印度公司使节初访大清帝国记闻》①扉页图版相比，在画面中加上了猴子图案，以及盛行于"中国风"的宝塔、鹦鹉等元素。在法国画家克里斯托弗·于埃（Christophe Huet）1735年绘画装饰于法国尚蒂伊设计的"大猴子"室内，猴子身穿华丽服饰，[16]滑稽诙谐的形象对整个欧洲"中国风"图案影响深远。迈森瓷厂的瓷塑猴子则组合成乐团，别具特色。此外，象征爱情的天鹅、德国人所喜爱的乌鸦等各种动物形象也在后期逐步出现在迈森瓷器的设计中，成为对现实世界动物的拟真再现（图6）。凯恩德勒还设计捏塑了五瓣花，并通过翻模后大量制造，将数量庞大的五瓣花以浮雕的方式聚集在茶壶、碗盘等器物表面，再辅以彩色花蕊描绘，以拟真花卉作繁密装饰，称之为"雪花球"（Blossoms）。凯恩德勒在1739年为奥古斯都三世创造了这套具有雕塑装饰的餐具后，奥古斯都三世将其作为礼物送给妻子[17]。

（二）叙事空间：肖像、女神与天使

从古希腊开始，欧洲艺术史中雕塑的传统一直延续而发展，对真实人物肖像的制作，女神、天使等优雅形象的再现，以及有叙事性陈述的经典故事人物的塑造，是欧洲雕塑史中常见的题材。迈森瓷器中也完美地呈现了这些瓷塑人物形象。形态优雅的传统女性及天使形象，如"美惠三女神"、维纳斯、丘比特等都是迈森瓷厂瓷塑中的经典形象。一些帝王肖像，如强壮者奥古斯都的戎装骑马形象，也曾由迈森瓷厂烧造完成。此外，当时流行的意大利喜剧角色、欧洲文学经典角色如堂吉诃德等，以及来自亚洲的布袋和尚、皇帝形象，包括丰富多彩的欧洲贵族、不同职业的市民形象等等，都是迈森瓷器中常见的人物瓷塑。比如经典作品"吻手礼"（Handkiss Group）系列瓷塑等，也是凯恩斯特在1737—1740年间的设计式样，并有多个版本。[18]它们在重现现实中的人物场景外，也反映了当时的社会生活与贸易背景。

传统的迈森瓷厂人物瓷塑制作，其每个瓷塑人物形象的四肢或头部等不同部分都分别由专门的模具制作，并用泥浆将其黏合一体后再上釉施彩烧成，并且局部装饰如胸带、头花等还需要手工额外制作。这些瓷器雕塑

---

① 本书名也有被译作《荷兰东印度公司派遣使节谒见鞑靼、中国皇帝》、《荷兰印度公司使团觐见鞑靼可汗（清顺治皇帝）纪实》，中文版一般译作《荷使初访中国记》。

图 7　迈森瓷器制作工具展示（部分）
德国迈森瓷厂

形象历经三百余年仍被迈森瓷厂继续生产，数以万件的模具也被保存沿用，成为迈森瓷器的典型代表之一。（图 7）

五、迈森瓷器的欧洲流传及影响

迈森瓷厂建立后，首先负责对萨克森宫廷用瓷的订制，也对外销售。尽管迈森瓷厂规模较小，产量有限，但其精美而奢华的样式及硬质瓷的材质引起欧洲各地的追捧，被贵族富商收藏，流传方式多样。在 18 世纪的欧洲，由各地商会主办的贸易展会是购买迈森瓷的主要方式，迈森瓷厂从 1710 年开始便参加莱比锡的东方贸易展会（Leipzig Fair），数量稀少的迈森瓷器被争相购买，有时也作为欧洲当时各选帝侯之间的家族往来及婚姻缔结中的礼物。在今天的德国柏林、法兰克福、慕尼黑地区的宫殿、博物馆等地，欧洲法国、英国等地也都有相当数量的迈森瓷器收藏。在后来的发展中，瓷厂也陆续承接世界各地顾客的订制。近些年随着国际专卖店的兴盛，迈森瓷厂也在其他国家开设迈森瓷器专卖店，成为迈森瓷器流传的新兴方式。迈森瓷器的流传不仅在欧洲，也走向北美乃至亚洲。

迈森瓷器影响了德国其他地区乃至欧洲的制瓷技术发展，包括维也纳、威尼斯、纽伦堡、柏林等地。[19] 一方面，迈森瓷器的制瓷工艺因内部人员流动，促进了周边地区瓷业发展，包括以釉上珐琅彩及描金技法为主的装饰样式。如迈森瓷厂的罗温芬克（Adam Friedrich Löwenfinck）在1746年转往法兰克福地区，建立了赫斯特（Höchster）瓷厂。[20] 赫斯特瓷厂的负责人约翰·科里安·本克尔夫（Johann Kilian Benckgraff）又转赴菲尔斯滕贝格成立了菲尔斯滕贝格（Fuerstenberg）瓷厂，迈森制瓷的先进技术也得以传播。另一方面，迈森瓷器纹样是欧洲其他瓷厂的学习对象，特别是根据亚洲舶来品及文本而形成的德国"中国风"图案，作为主要的设计画师，海洛特将其极具异域风情的"中国风"装饰图案和洛可可时期盛行的卷草纹、花卉、贝壳涡旋等边饰图像组合在一起，影响了欧洲"中国风"式样的发展。而"洋葱纹"等中西混合的瓷绘样式也曾被欧洲其他瓷厂仿制。迈森瓷厂的成功，还引起对亚洲瓷器热衷的欧洲亲王们建立自己瓷厂的热潮。

六、总结

随着中欧海上丝路和贸易的发展，来自中国等地的亚洲瓷器来到欧洲，成为欧洲宫廷争相购买的奢侈品，并与宫廷生活、宫殿装饰相融。18世纪的德国地区萨克森选帝侯奥古斯都二世以对亚洲瓷器的热衷而促成欧洲硬质瓷的创烧成功。迈森瓷厂在波特格尔等人的不断努力下，通过借鉴亚洲瓷器的材质类型和装饰图案，先后发展了波特格尔陶、釉下青花、珐琅彩等多种装饰风格，并形成中西交融的"洋葱头"等经典式样，其在《舒尔茨图集》的基础上设计完成了具有异域风情，又符合欧洲审美的"中国风"系列图样。此外，迈森瓷厂结合欧洲传统雕塑艺术，在瓷器雕塑之父凯恩斯特等人的创作中，完美呈现了欧洲经典女神、天使等优雅形象，并塑造了文学、喜剧作品中的经典人物造型，以及现实社会中帝王、贵族、市民等多种人物形象。迈森瓷厂在不断探索中，最终形成了迈森瓷器的独特风格。作为欧洲最早烧造成功硬质瓷的地方，迈森瓷器还影响了德国乃至欧洲其他地区瓷器的发展，各地的帝王不仅收藏，而且支持自己的皇家瓷厂烧造。历经三百余年，迈森瓷厂一直以传统的工匠传学方式坚持着其高品质而低产量的生产方式。产品不仅销往欧洲，还走向亚洲、美洲、中东等世界各地。除了对传统设计的持续生产，它还接受不同地区订单，发展新的样式。面对机械化大生产的今天，传统的步伐也受到一定的挑战。

迈森（Meissen）、奥古斯都二世（August II the Strong）均为音译，与本次展览名称统一。此前多译为麦森（梅森）、奥古斯特二世等。

本文部分内容来自《麦森瓷器和中国瓷器》（《文物天地》2013 年第 2 期）和《以瓷鉴名：德国"中国风"概念的形成、再现与接受》（《世界美术》2020 年第 2 期）。文章撰写过程中得到上海博物馆陈洁女士给予的宝贵建议，特此致谢！

〔1〕 本文系2019年教育部人文社会科学研究青年基金资助项目，项目名称：《德国藏中国明清瓷器的调查与研究》，项目编号：19YJC760121。

〔2〕 [德]约阿希姆·布姆克.宫廷文化：中世纪盛期的文学与社会[M].何珊，等译.北京：生活·读书·新知三联书店，2006：94.

〔3〕 同上注，70—73。

〔4〕 [德]乌尔夫·迪尔迈尔，等.德意志史[M].孟钟捷，等译.北京：商务印书馆，2018：105.

〔5〕 Karl Czok, *August der Starke und seine Zeit. Kurfürst von Sachsen und König von Polen*, Piper, 2006.

〔6〕 蒋琰滨，范颖.浅谈17—18世纪外销紫砂特征及对欧洲制陶业影响[J].江苏陶瓷，2009（8）：23—25.

〔7〕 Jan van Campen and Titus Eliens（eds.）, *Chinese and Japanese Porcelain for the Dutch Golden Age*, Waanders Publishers in collaboration with Rijksmuseum Amsterdam, Gemeentemuseum Den Haag, Groninger Museum, Keramikmuseum Princessehof Leeuwarden, 2014, p246.

〔8〕 D. Syndram &U. Weinhold, *Böttger stoneware: Johann Friedrich Böttger and Treasury Art*, Deutscher Kunstverlag, 2009, p.123.

〔9〕 [德]AnetteLoesch, Ulrich Pietsch, and FriedrichReichel, *State Art Collections: Dresden Porcelain Collection,* Dresden Porcelain Collection, 1998，p.156.

〔10〕 [德]AnetteLoesch, Ulrich Pietsch, and FriedrichReichel, *State Art Collections: Dresden Porcelain Collection,* Dresden Porcelain Collection, 1998，p.167.

〔11〕 孙琳.迈森瓷洋葱图案源流考[J].中国陶瓷，2017（10）：76—81.

〔12〕 孙悦.彩绘东方——迈森瓷器上的"中国风"与"日本味"[J].典藏·古美术，2018（11）.

〔13〕 吴若明.以瓷鉴名：德国"中国风"概念的形成、再现与接受[J].世界美术，2020（2）：79—87.

〔14〕 这组大型陶瓷雕塑因干燥时间减少，烧成后多有开裂，因此没有再施彩釉装饰，避免复烧损坏。更多讨论参见：吴若明.迈森瓷器和中国瓷器[J].文物天地，2013（2）：79.

〔15〕 上海市历史博物馆编.白色金子东西瓷都——从景德镇到梅森瓷器选[M].上海：上海书画出版社，2019（136）.

〔16〕 [英]休·昂纳.中国风：遗失在西方800年的中国元素[M].刘爱英，秦红，译.北京：北京大学出版社，2017：114.

〔17〕 上海市历史博物馆编.白色金子东西瓷都——从景德镇到梅森瓷器选[M].上海：上海书画出版社，2019：133.

〔18〕 孙琳.18世纪迈森"吻手礼"系列瓷塑的图像分析[J].大众文艺，2015（24）：39.

〔19〕 Sven Frotscher, *Dtv-Atlas Keramik und Porzellan*,DeutscherTaschenbuch Verlag, 2003, p122.

〔20〕 [德]赫斯特瓷厂供稿.中国风格和欧洲传统的相遇——18世纪赫斯特瓷器[J].收藏，吴若明，译. 2015（6）：80—83.

后记

异域同辉：陶瓷与16—18世纪的中西文化交流

　　16—18世纪，世界版图逐渐分明，海洋贸易得到长足的发展。葡萄牙、荷兰和英国等欧洲国家角力登场，通过东西贸易，向西方源源不断输送远东的奇珍异宝，而瓷器正是最具中国特色的商品，是最重要的东西文化交流媒介之一。中国瓷器远渡重洋，成为欧洲宫廷的精美陈设与享乐之物，也是寻常百姓家历久不朽的实用之物。

　　"文明因交流而多彩，文明因互鉴而丰富。"通洋东西的瓷器，勾勒出一部有关文化交流的器物生命史。在生产环节，中国和日本生产的瓷器来到欧洲，催动了欧洲的瓷器制造；在流通环节，它为东西贸易带来高额的利润，促进了全球的经济联动；在消费环节，瓷器凝结着东西方的审美趣味，满足了欧洲人对于异国情调的好奇与想象，是文化互视的窗口。

　　从中国大批量销往境外的瓷器，简称为"外销瓷"。尽管东西方之间的瓷器流递经由贸易、外交等多种途径实现，但一般而言，我们都将其归置于外销瓷或者贸易陶瓷的名下。中国的外销瓷，一般被认为始于9世纪的晚唐时期，2020年9月，上海博物馆举办了"宝历风物——黑石号沉船出水珍品展"，于疫情后首先呈现外销瓷大展。沿着外销瓷的历史生命轴线，上海博物馆将再次聚焦这一"全球产品"，讲述16—18世纪的外销瓷与文化交流的故事。

　　2021年10月，上海博物馆联合法国吉美国立亚洲艺术博物馆举办"东西汇融——中欧陶瓷与文化交流特展"。不同以往，本次展览以中西陶瓷贸易的变迁为线索，通过深入而系统地呈现中国瓷器在西方的融入及其对欧洲陶瓷的影响，侧重揭示中欧设计、图像、技术和观念的交流与互鉴。

《异域同辉：陶瓷与 16—18 世纪的中西文化交流》即为配合上海博物馆这一展览，面向公众而推出的普及读本。我们邀请了 13 位海内外知名学者，基于文化研究的视角，从商贸、历史和艺术等多个层面出发，全面揭示了 16—18 世纪东西陶瓷贸易和物质文化交流。本书分为三个版块：首先，以航海与商贸往来为背景，介绍了东西陶瓷贸易之中的列国竞争与策略变迁；其二，以海外收藏中国外销瓷为主，探究了中国瓷器如何通过欧洲宫廷陈设、金属镶嵌与加彩再装饰等，融入西方语境，满足欧洲消费者的趣味；其三，通过呈现欧洲瓷生产对中国瓷器模仿的不同面貌，揭示中国瓷器对欧洲瓷器生产技术、风格等的影响。

　　文化，正因差异而具有多样性，更因包容而相栖相生。东方与西方，互为他者，在全球联系日趋紧密的 16—18 世纪，愈加成为彼此的文化镜鉴。希望这本书，能够让读者以瓷器为聚焦，在探寻东西贸易时空线索的同时，体悟亚洲与欧洲之间的文化交流。

图书在版编目（CIP）数据

异域同辉 : 陶瓷与16—18世纪中西文化交流 / 上海
博物馆编. -- 上海 : 上海人民美术出版社，2021.9
（寰宇艺文）
ISBN 978-7-5586-2176-5

Ⅰ. ①异… Ⅱ. ①上… Ⅲ. ①古代陶瓷－陶瓷艺术－
文化交流－文化史－中国、西方国家 Ⅳ. ①K866.3

中国版本图书馆CIP数据核字(2021)第192612号

异域同辉：陶瓷与 16－18 世纪的中西文化交流

出 版 人	顾　伟
统　　筹	徐明松
编　　者	上海博物馆
学术支持	曹慧中　陈　洁

责任编辑	罗秋香
特约编辑	杨佳怡　杨烨旻
校　　对	张琳海
装帧设计	胡彦杰
技术编辑	陈思聪
出版发行	上海人民美術出版社（上海市闵行区号景路 159 弄 A 座 7 F）
邮　　编	201101
网　　址	http://www.shrmbooks.com
印　　刷	上海印刷（集团）有限公司
开　　本	787×1092 1/16 13.625 印张
版　　次	2022 年 1 月第 1 版
印　　次	2022 年 1 月第 1 次
书　　号	ISBN 978-7-5586-2176-5
定　　价	118.00 元